行政処分
差止め・取消訴訟の実務と書式

前田泰志　編著
南淵　聡

発行　民事法研究会

はしがき

　近年、裁判所に係属する訴訟件数は減少の一途をたどっているが、行政事件については、入国管理にかかわる事件や租税関係事件、Ｂ型肝炎事件など増加が顕著であり、東京地方裁判所においても新たに民事第51部が行政部として新設されるなどこれに対応している。

　弁護士など法律実務家としても、行政事件の増加に対応すべく研鑽すべきであるが、従来、行政訴訟といえば取消訴訟を中心に語られることが多く、差止訴訟は、どのような裁判例があるか、どのような場合に差止訴訟を提起できるか、訴訟要件はどのようなものかなど、あまり一般的に知られていない。

　一般国民としても、行政機関により行政処分という公権力が行使されようとしている場合、公権力が行使されてから取消訴訟を提起するよりも、できれば事前に差止めをしたほうが権利侵害は少ない。精神的な負担という面においても、行政処分を受けてからその違法性を主張するよりも、差止訴訟を提起したほうが行政機関に対してイニシアチブをとることができ、望ましいといえる。

　平成16年の行政事件訴訟法改正によって新たな抗告訴訟として差止訴訟が設けられてから10年が経とうとしているが、本来はもっと活用されるべきではなかろうか。

　そのため、本書では、第１章において、差止訴訟を中心に基礎知識、裁判例を紹介し、取消訴訟は付随的な記載にとどめた。第２章以下においては、差止訴訟、取消訴訟が問題となり得る分野について解説したが、その場合においても、差止訴訟が可能な分野においては差止訴訟を中心に解説し、差止訴訟が難しい分野においては取消訴訟を中心に解説している。また、差止訴訟に関する具体的な裁判例をなるべく多く掲載することを心がけ、具体的な事例を参考にして差止訴訟を理解できるように配慮した。本書を参考にして、

はしがき

　1人でも多くの法律実務家が差止訴訟を利用するようになれば幸いである。

　本書は、行政処分差止訴訟に関する実務的な出版物が少ないことから、従来から行政事件に関する著述に関与してきた弁護士3名が集まり執筆したものである。しかし、結果として、本書の企画、構成、内容、校閲などすべての段階において、民事法研究会の安倍雄一氏に多大な労力と忍耐を強いる結果となった。この場を借りてお礼を申し上げたい。

　　平成26年10月

　　　　　　　　　　　　　　　　　　　　編　者　前田泰志
　　　　　　　　　　　　　　　　　　　　同　　　南淵　聡

目　次

第1章　行政処分の差止め・取消訴訟の概観

Ⅰ　行政法における差止訴訟 ……………………………………… 2
　1　定　義 ………………………………………………………… 2
　2　改正前の差止訴訟 …………………………………………… 2
　3　訴訟要件 ……………………………………………………… 4
　　(1)　処分・裁決の特定 ……………………………………… 4
　　(2)　一定の処分または裁決をする蓋然性 ………………… 9
　　(3)　原告適格 ………………………………………………… 10
　　(4)　損害の重大性 …………………………………………… 14
　　(5)　補充性 …………………………………………………… 17
　　(6)　被告適格 ………………………………………………… 17
　　(7)　管　轄 …………………………………………………… 18
　4　本案要件 ……………………………………………………… 19
　5　仮の差止め …………………………………………………… 22
　　(1)　要　件 …………………………………………………… 22
　　(2)　手　続 …………………………………………………… 27
Ⅱ　取消訴訟と執行停止申立て …………………………………… 28
　1　差止訴訟の訴訟要件を満たさない場合 …………………… 28
　2　取消訴訟の訴訟要件 ………………………………………… 28
　　(1)　内　容 …………………………………………………… 28
　　(2)　訴えの利益 ……………………………………………… 29

目次

　　（3）　審査請求前置……………………………………………………29
　　（4）　出訴期間…………………………………………………………29
　3　執行停止の要件…………………………………………………………30
Ⅲ　公法上の当事者訴訟………………………………………………………30
Ⅳ　民事訴訟法における差止訴訟……………………………………………31

第2章　墓地・風俗営業等の経営許可・営業許可の処分

Ⅰ　墓地等の経営許可をめぐる争訟…………………………………………34
　1　規制内容…………………………………………………………………34
　2　争訟手段と争点…………………………………………………………37
　　（1）　原告適格…………………………………………………………37
　　（2）　本案の争点………………………………………………………38
　【書式1】　訴状（墓地経営許可処分取消請求事件）……………………40
Ⅱ　風俗営業施設の設置をめぐる争訟………………………………………44
　1　規制内容…………………………………………………………………44
　　（1）　風営法に基づく規制……………………………………………44
　　（2）　条例による独自の規制…………………………………………46
　2　訴訟上の争点……………………………………………………………47
　　（1）　原告適格…………………………………………………………47
　　〈表1〉　最高裁判例からみた原告適格の考え方………………………48
　　（2）　本案の争点………………………………………………………50
　【書式2】　訴状（風俗営業許可処分取消請求事件）……………………53

4

第3章　課税処分

- はじめに ……………………………………………………………… 60
- Ⅰ　税額の確定 ……………………………………………………… 60
  - 〔図1〕　税額の確定 …………………………………………… 60
  - 1　自動確定の租税 ……………………………………………… 60
  - 2　申告納税方式 ………………………………………………… 61
  - 3　賦課課税方式 ………………………………………………… 61
- Ⅱ　争訟手段と争点 ………………………………………………… 62
  - 1　租税不服申立て ……………………………………………… 62
    - (1)　不服申立ての種類と対象 ………………………………… 62
    - (2)　不服申立人等 ……………………………………………… 63
    - (3)　不服申立期間 ……………………………………………… 63
    - (4)　不服申立ての教示 ………………………………………… 63
    - (5)　不服申立てと処分の執行 ………………………………… 64
    - (6)　書　式 ……………………………………………………… 64
  - 2　租税訴訟 ……………………………………………………… 64
    - (1)　訴訟類型 …………………………………………………… 64
    - (2)　訴訟要件 …………………………………………………… 65
    - (3)　執行停止 …………………………………………………… 71
    - (4)　本案の争点 ………………………………………………… 71
  - 【書式3】　訴状（消費税および地方消費税の更正処分取消等請求事件）…… 77

第4章　運転免許をめぐる処分

- Ⅰ　運転免許制度 …………………………………………………… 84

目 次

　　1　運転免許 …………………………………………………………84
　　　〔図2〕　運転免許の交付の流れ ……………………………85
　　2　免許証の交付 …………………………………………………85
　　　(1)　有効期限 …………………………………………………86
　　　〈表2〉　免許の有効期限（道交92条の2）………………86
　　　(2)　免許証の記載事項 ………………………………………86
　　3　免許の更新等 …………………………………………………87
　　4　免許の取消し、停止等 ………………………………………88
　　　(1)　免許の停止 ………………………………………………88
　　　(2)　免許の取消し ……………………………………………89
　　　(3)　免許不交付期間 …………………………………………89
　　5　罰　　則 ………………………………………………………90
　　6　反則行為に関する処理手続の特例 …………………………90
Ⅲ　争訟手段 ……………………………………………………………90
　　1　運転免許取消処分の取消請求事件 …………………………90
　　　(1)　処分取消訴訟の提起 ……………………………………90
　　　(2)　執行停止の申立て ………………………………………93
　　2　優良運転免許証交付等請求事件 ……………………………95
　　　(1)　訴えの利益 ………………………………………………95
　　　(2)　義務付け訴訟 ……………………………………………96
　　【書式4】　訴状（運転免許取消処分取消請求事件）………97

第5章　生活保護をめぐる処分

Ⅰ　はじめに ……………………………………………………………102
　　1　生活保護の現状 ………………………………………………102
　　2　生活保護の目的 ………………………………………………102

3　適正な受給に向けて……………………………………………… 102
　Ⅱ　生活保護の内容……………………………………………………… 103
　　1　諸原則………………………………………………………………… 103
　　　(1)　申請保護の原則…………………………………………………… 103
　　　(2)　補足性の原則……………………………………………………… 103
　　　(3)　必要即応の原則…………………………………………………… 103
　　　(4)　世帯単位の原則…………………………………………………… 104
　　2　種　類………………………………………………………………… 104
　　3　保護の水準…………………………………………………………… 105
　Ⅲ　生活保護の手続と争い方…………………………………………… 105
　　1　保護開始決定前……………………………………………………… 105
　　　(1)　保護開始申請に対する却下決定………………………………… 105
　　　(2)　職権による開始決定・町村長による必要な保護……………… 108
　　2　保護開始決定後……………………………………………………… 109
　　　(1)　申請による変更決定……………………………………………… 109
　　　(2)　職権による変更決定……………………………………………… 109
　　　(3)　保護の停止および廃止…………………………………………… 111
　　　(4)　指導および指示…………………………………………………… 111
　　　(5)　相談および助言の手続…………………………………………… 114
　　　(6)　調査および検診…………………………………………………… 114
　　【書式5】　訴状（生活保護処分取消事件）………………………… 115
　　【書式6】　仮の義務付け申立書（生活保護）……………………… 119

第6章　入国管理をめぐる処分

　Ⅰ　はじめに……………………………………………………………… 124
　　1　在留外国人…………………………………………………………… 124

目次

　　(1)　適法な在留外国人……………………………………………124
　　(2)　不法な在留外国人……………………………………………124
　2　入国管理関係事件を扱うために………………………………125
　　(1)　適法な在留外国人の場合……………………………………125
　　(2)　不法な在留外国人の場合……………………………………126
　　(3)　退去強制を止めるために……………………………………126
　　(4)　本章の目的……………………………………………………126
Ⅱ　入国管理制度………………………………………………………127
　1　在留資格…………………………………………………………127
　　〈表3〉　在留資格一覧表──日本において特定の活動を行うことができ
　　る地位としての在留資格………………………………………128
　　〈表4〉　在留資格一覧表──外国人が有する一定の地位に基づいて取得
　　できる在留資格…………………………………………………133
　2　退去強制事由……………………………………………………134
　　〈表5〉　退去強制事由一覧表…………………………………135
　3　退去強制手続……………………………………………………139
　4　在留特別許可……………………………………………………139
　　〔図3〕　退去強制手続の流れ…………………………………140
　5　退去強制処分……………………………………………………141
Ⅲ　争訟手段……………………………………………………………141
　1　取消訴訟…………………………………………………………141
　　(1)　出訴期間………………………………………………………141
　　(2)　管　轄…………………………………………………………141
　　(3)　被　告…………………………………………………………142
　　(4)　請求の趣旨……………………………………………………142
　　(5)　請求の原因……………………………………………………142
　　【書式7】　訴状（退去強制令書発付処分取消請求事件）……145

2 執行停止の申立て	149
(1) 概　要	149
(2) 申立ての趣旨	150
(3) 相手方	150
(4) その他の要件	150
【書式8】　退去強制令書発付処分の執行停止申立書	150

第7章　建築確認をめぐる処分

Ⅰ　建築確認制度	156
1　建築確認	156
2　建築確認が必要な建築物	156
3　建築確認の審査対象	156
Ⅱ　争訟手段	157
1　審査請求前置主義	157
2　段階に応じた争訟手段	158
〔図4〕　建築確認にかかわる争訟手段	158
(1) 建築確認申請後・建築確認処分前	158
(2) 建築確認処分後・建築工事完了前	160
(3) 建築工事完了後	162
3　被告適格	164
Ⅲ　原告適格（申立人適格）	165
1　判断基準	165
2　具体例	165
(1) 建築物の倒壊・炎上等による被害	165
(2) 日照被害	166
(3) がけ崩れのおそれ	167

目 次

　　　(4)　景観利益……………………………………………………… 168
　　　(5)　その他の利益………………………………………………… 168
　　3　法人の原告適格………………………………………………… 169
　　4　原告主張の違法事由と利益侵害との因果関係 …………… 170
Ⅳ　本案での争点 ……………………………………………………… 170
　　1　違法事由 ………………………………………………………… 170
　　2　開発許可の欠缺 ………………………………………………… 171
　　3　自己の法律上の利益に関係のない違法の主張制限……… 172
　　4　違法性の承継（安全認定の違法）…………………………… 172
　　【書式9】　訴状（建築確認処分取消請求事件）…………………… 174
　　【書式10】　執行停止申立書 …………………………………………… 178

第8章　開発許可をめぐる処分

Ⅰ　開発許可制度 ……………………………………………………… 184
　　1　制度趣旨 ………………………………………………………… 184
　　2　開発行為 ………………………………………………………… 184
　　3　開発許可の申請手続 …………………………………………… 185
　　4　開発許可処分後の開発行為 …………………………………… 185
Ⅱ　争訟手段 …………………………………………………………… 186
　　1　審査請求前置主義 ……………………………………………… 186
　　2　段階に応じた争訟手段 ………………………………………… 187
　　〔図5〕　開発許可にかかわる争訟手段 ……………………………… 187
　　(1)　開発許可申請後・開発許可処分前 ……………………… 187
　　(2)　開発許可処分後・工事完了前 …………………………… 191
　　(3)　工事完了後 …………………………………………………… 192
Ⅲ　原告適格（申立人適格）………………………………………… 193

10

1	判断基準	193
2	具体例	193
(1)	がけ崩れ等による被害	193
(2)	溢水等による被害	194
(3)	景観利益	195
(4)	開発区域内の地権者	195
(5)	先行する開発許可の関係者	196

Ⅳ 本案での争点 ……………………………………………………… 197
　1　違法事由 ……………………………………………………… 197
　2　自己の法律上の利益に関係のない違法 ……………………… 197
　　【書式11】　開発許可の仮の差止め申立書 …………………… 198

第9章　産業廃棄物処理施設・処理業をめぐる処分

Ⅰ　産業廃棄物処理の許可制度 …………………………………… 204
　1　廃棄物の定義と分類 ………………………………………… 204
　　〔図6〕　廃棄物の種類 ………………………………………… 204
　2　廃棄物の「処理」とその許可制度 ………………………… 205
　　〔図7〕　廃棄物の「処理」…………………………………… 205
　　〈表6〉　廃掃法による「許可」……………………………… 206
　3　許可要件 ……………………………………………………… 206
　　(1)　施設設置の許可 ………………………………………… 206
　　〈表7〉　産業廃棄物処理施設の設置要件 ………………… 207
　　〔図8〕　設置許可に係る廃掃法上の手続の流れ ………… 209
　　(2)　業の許可 ………………………………………………… 211
　　〈表8〉　産業廃棄物処分業の許可要件 …………………… 211

目次

Ⅲ	争訟手段	212
1	段階に応じた争訟手段	212
	〔図9〕　産業廃棄物処理施設・処理業にかかわる争訟手段	212
	(1)　許可申請後・処分前	212
	(2)　許可処分後	214
2	人格権に基づく差止請求	214
Ⅲ	原告適格	215
1	判断基準	215
2	具体例	216
	(1)　排出される有害物質等により重大な被害を直接受けるおそれのある者	216
	(2)　同じ地域ですでに許可を受けている事業者	217
Ⅳ	本案での争点	218
	【書式12】　訴状（産業廃棄物処理施設設置許可処分取消請求事件）	219

第10章　原子力発電所の設置許可処分

Ⅰ	改正原子炉規制法と再稼働申請	226
	〔図10〕　新規制基準	227
	〔図11〕　再稼働申請	227
Ⅱ	争訟手段	228
1	抗告訴訟と民事差止訴訟	228
2	審査請求前置主義	228
3	段階に応じた争訟手段	229
	(1)　原子炉設置（変更）許可処分前	229
	(2)　原子炉設置（変更）許可処分後	230
Ⅲ	原告適格	231

| 1 | 判断基準 | 231 |
| 2 | 「直接的かつ重大な被害を受けることが想定される範囲の住民」 | 232 |

Ⅳ **本案の争点** …………………………………………………… 234

〔図12〕 原子炉設置許可処分の取消訴訟における裁判所の審理・判断のあり方 …………………………………………………… 234

【書式13】 訴状（原子炉設置変更許可処分取消請求事件） ………… 237

・事項索引 ………………………………………………………… 241
・判例索引 ………………………………………………………… 244
・編者・著者略歴 ………………………………………………… 248

凡　例

〈法令等略語表記〉

行訴	行政事件訴訟法
行審	行政不服審査法
行手	行政手続法
民訴	民事訴訟法
税通	国税通則法
地税	地方税法
関税	関税法
税徴	国税徴収法
道交	道路交通法
生保	生活保護法
入管	出入国管理及び難民認定法
建基	建築基準法
建基令	建築基準法施行令
都計	都市計画法
廃掃	廃棄物の処理及び清掃に関する法律

〈判例集・判例評釈書誌略語表記〉

行集	行政事件裁判例集
民（刑）集	最高裁判所民（刑）事判例集
訟月	訟務月報
金商	金融・商事判例
判時	判例時報
判タ	判例タイムズ
判自	判例地方自治
最判解民	最高裁判所判例解説・民事篇
裁判所ウェブサイト	裁判所ウェブサイト裁判例情報

第 1 章

行政処分の差止め・取消訴訟の概観

I　行政法における差止訴訟

1　定　義

　平成16年の行政事件訴訟法の改正において、新たな抗告訴訟の一類型として差止訴訟が法定された（行訴3条7項、37条の4）。差止訴訟とは、「行政庁が一定の処分又は裁決をすべきでないにかかわらずこれがされようとしている場合において、行政庁がその処分又は裁決をしてはならない旨を命ずることを求める訴訟」（同法3条7項）のことである。

　改正前においては、抗告訴訟として、処分取消訴訟、裁決取消訴訟、無効等確認訴訟、不作為の違法確認訴訟が法定されているのみであり、紛争を事前に防止するための訴訟類型は法定されていなかったが、改正により、事前救済のパターンのひとつとして差止訴訟が法定された。

2　改正前の差止訴訟

　差止訴訟については、改正前においても、無名抗告訴訟として一定の場合には認められるべきとの議論が存在し、判例においても長野勤務評定事件（最判昭和47・11・30民集26巻9号1746頁）や横川川事件（最判平成元・7・4判時1336号86頁）において、処分がなされることをあらかじめ防止するために権利義務関係等の確認を求める訴えについて、処分がされてから事後的に争ったのでは回復しがたい重大な損害を被るおそれがあるなどの特段の事情がある場合には訴えの利益が認められると判示したが、両事件ではいずれも訴えの利益が認められないとして上告を棄却している。

判例 Check

○長野勤務評定事件最高裁判決（最判昭和47・11・30民集26巻9号1746頁）
　長野県の教職員が長野県教育委員会教育長の通達によって、「学校の指導計

画が適確に実施されるようにくふうしているか」、「分掌した校務を積極的に処理しているか」、「熱意をもって仕事にうちこんでいるか」というような自己観察の結果を勤務評定書に表示することを命じられたが（いわゆる長野方式）、その表示義務に従わなかったため、その不履行に対する懲戒その他の不利益処分を受けるのを防止するために、あらかじめ上記義務を負わないことの確認を求めた事案である。

判旨は、「具体的・現実的な争訟の解決を目的とする現行訴訟制度のもとにおいては、義務違反の結果として将来なんらかの不利益処分を受けるおそれがあるというだけで、その処分の発動を差し止めるため、事前に右義務の存否の確定を求めることが当然許されるわけではなく、当該義務の履行によつて侵害を受ける権利の性質およびその侵害の程度、違反に対する制裁としての不利益処分の確実性およびその内容または性質等に照らし、右処分を受けてからこれに関する訴訟のなかで事後的に義務の存否を争つたのでは回復しがたい重大な損害を被るおそれがある等、<u>事前の救済を認めないことを著しく不相当とする特段の事情がある場合は格別</u>、そうでないかぎり、あらかじめ右のような義務の存否の確定を求める法律上の利益を認めることはできないものと解すべきである」として、本件においては<u>上記特段の事情が認められず不適法な訴えにあたる</u>として上告を棄却した（下線筆者。以下同じ）。

判例 Check

○横川川事件最高裁判決（最判平成元・7・4 判時1336号86頁）

土地の所有者が河川管理者に対して当該土地につき<u>河川法上の処分をしてはならない義務があることの確認</u>ないし同法上の処分権限がないことの確認および当該土地が同法にいう河川区域でないことの確認を求める訴えを提起した事案であるが、判旨は、「上告人が、河川法75条に基づく監督処分その他の不利益処分をまって、これに関する訴訟等において事後的に本件土地が河川法にいう河川区域に属するかどうかを争ったのでは、<u>回復しがたい重大な損害を被るおそれがある等の特段の事情があるということはできない……</u>」として法律上の利益が認められず不適法な訴えとして上告を棄却した。

③ 訴訟要件

(1) 処分・裁決の特定

(ア) 処分性

　差止訴訟を提起するためには、「一定の処分又は裁決がされることにより重大な損害を生ずるおそれがある場合」（行訴37条の4第1項）でなければならない。そのため、差止めの対象は、行政庁が行う処分または裁決でなければならない。

　この点、「処分」とは、取消訴訟における処分性と同様の問題があり、処分性の範囲については一義的に定めることが困難であるが、判例は、「行政庁の法令に基づく行為のすべてを意味するものではなく、公権力の主体たる国または公共団体が行う行為のうち、その行為によって、直接国民の権利義務を形成しまたはその範囲を確定することが法律上認められているもの」としている。この判例の定義によれば、処分性の判断基準としては、①公権力性、②国民の権利義務に対する直接具体的な法的規律という観点から判断されることになる。

　そのため、行政庁の行為であっても、政令・省令、条例などの規範定立行為（最判平成18・7・14民集60巻6号2369頁〔高根町別荘水道料金事件〕など）、契約の締結などの私法上の行為（国有財産法上の普通財産の売り払いについて最判昭和35・7・12民集14巻9号1744頁など）、通達などの行政内部の行為（最判昭和39・10・29民集18巻8号1809頁〔大田区ゴミ焼却場設置事件〕など）、道路建設などの事実上の行為には、公権力性、国民の権利義務に対する直接具体的な法的規律が認められないから、処分性が認められないのが原則である。しかし、それらの行為が公権力を行使して直接国民の権利義務を形成すると解釈できるような場合は処分性が認められる余地があり、判例においても処分性を拡大する傾向にある（最判平成17・7・15民集59巻6号1661頁〔病院開設中止勧告事件〕、最判平成20・9・10民集62巻8号2029頁〔土地区画整理事業計

画事件〕など）。

よって、差止訴訟においても、行政庁が行う政令・省令、条例などの規範定立行為、契約の締結などの私法上の行為、通達などの行政内部の行為、道路建設などの事実上の行為の差止めを求めることは、原則として処分性を欠くものとして許されない。

判例 Check

○**高根町別荘水道料金事件**（最判平成18・7・14民集60巻6号2369頁）

数多くの別荘が建つ地域を含む山梨県旧高根町では、別荘に係る給水契約者の基本料金を別荘以外の給水契約者のものより高額に設定していたが、さらに条例を改正した結果、両契約者間の水道基本料金にさらに大きな格差が生じることになった。そのため、別荘に係る給水契約者らが、条例が改正されたことによる水道料金の定めは、別荘とそれ以外とを不当に差別するものであるとして、改正後の条例別表の無効確認を求める訴えなどを提起した事案である。

原判決（東京高判平成14・10・22判時1806号3頁）は、「供給規程が条例の形式で定められ、その施行によって、その後にされる個別的行政処分を要せず、その内容が給水契約の内容となって水道需用者は義務を課される」として本件条例の処分性を認めたが、最高裁判所は、「本件改正条例は、旧高根町が営む簡易水道事業の水道料金を一般的に改定するものであって、そもそも限られた特定の者に対してのみ適用されるものではなく、<u>本件改正条例の制定行為をもって行政庁が法の執行として行う処分と実質的に同視することはできない</u>から、本件改正条例の制定行為は、抗告訴訟の対象となる行政処分には当たらないというべきである」として<u>処分性を否定した</u>。

判例 Check

○**大田区ゴミ焼却場設置事件**（最判昭和39・10・29民集18巻8号1809頁）

東京都はゴミ焼却場を設置するために用地を買収していたが、東京都議会にゴミ焼却場設置計画案を提出し可決されたので、その旨を東京都広報に記

載し、建築会社との間に建築請負契約を締結したところ、近隣住民らが東京都によるゴミ焼却場設置の一連の行為の無効を求める訴訟を提起した事案である。

判旨は、「行政庁の法令に基づく行為のすべてを意味するものではなく、公権力の主体たる国または公共団体が行う行為のうち、その行為によって、直接国民の権利義務を形成しまたはその範囲を確定することが法律上認められているものであることは、当裁判所の判例とするところである」としたうえで、「本件ごみ焼却場は、東京都がさきに私人から買収した東京都所有の土地の上に、私人との間に設置されたものであるというのであり、原判決が<u>東京都において本件ごみ焼却場の設置を計画し、その計画案を都議会に提出した行為は東京都自身の内部的手続行為に止まる</u>と解するのが相当であるとした判断は、是認できる」として処分性を否定した。

判例Check

○病院開設中止勧告事件（最判平成17・7・15民集59巻6号1661頁）

原告が県知事に対して病院開設許可申請を行ったところ、県知事は、同県地域医療計画に定める当該医療圏の必要病床数がすでに達成されているという理由で、開設を中止するよう医療法に基づく勧告を行ったが、原告が勧告を拒否したため、県知事は原告に対し開設許可処分を行ったが、同時に、病院を開設した場合「保険医療機関の指定の拒否をすることとされている」旨通告した。そのため、原告が本件勧告および本件通告部分の取消しを求めて訴えを提起した事案である。

判旨は、「医療法30条の7の規定に基づく病院開設中止の勧告は、医療法上は当該勧告を受けた者が任意にこれに従うことを期待してされる行政指導として定められているけれども、当該勧告を受けた者に対し、これに従わない場合には、相当程度の確実さをもって、病院を開設しても保健医療機関の指定を受けることができなくなるという結果をもたらすものということができる」、「いわゆる国民皆保険制度が採用されている我が国においては、健康保険、国民健康保険等を利用しないで病院で受診する者はほとんどなく、保険医療機関の指定を受けずに診療行為を行う病院がほとんど存在しないことは

公知の事実であるから、保険医療機関の指定を受けることができない場合には、実際上病院の開設自体を断念せざるを得ないことになる」、「このような医療法30条の7の規定に基づく病院開設中止の勧告の保険医療機関の指定に及ぼす効果及び病院経営における保険医療機関の指定の持つ意義を併せ考えると、この勧告は、行政事件訴訟法3条2項にいう『行政庁の処分その他公権力の行使に当たる行為』に当たると解するのが相当である」として、県知事が行った医療法30条の7の規定に基づく勧告の処分性を認めた。

(イ) 処分の特定

また、差止訴訟は、行政庁が実際に処分を行う前にその差止めを求めるものであるから、その差止めの対象をある程度特定する必要があり、「一定の」（行訴37条の4第1項）処分でなければならない。

この点、どの程度の特定をもって「一定の」処分といえるかどうかが問題となり、行政庁が現実にする処分に対応する具体的な処分であることまでは要しないが、処分の根拠法令が明確になっていることは請求の特定にとって不可欠であるとされる。[1]

判例 Check

○**君が代ピアノ伴奏事件第1審判決**（東京地判平成18・9・21判時1952号44頁）

東京都教育委員会教育長から都立学校の各校長に対して、教職員らが国旗に向かって起立し国家を斉唱することなどを定めた通達が発せられたところ、教職員が東京都教育委員会に対して上記通達で定められた義務に違反したことを理由とする処分の事前差止めなどを求めた事案である。

判旨は、「①丁事件原告らは今後も本件通達に基づく被告都教委の指導を受けた校長の職務命令に基づき、入学式、卒業式等の式典において国家斉唱の際に国旗に向かって起立して国家を斉唱すること、ピアノ伴奏をすることを命じられ、これを拒否した場合に懲戒処分等を受けることは確実であること、

---

1 南博方＝高橋滋編『条解行政事件訴訟法〔第3版補正版〕』666頁〔山崎栄一郎〕。

②そうだとすると、丁事件原告らは、懲戒処分等の強制の下、自己の信念に従って入学式、卒業式等の式典において国歌斉唱時に起立して国歌を斉唱すること、ピアノ伴奏をすることとの職務命令を拒否するか、自己の信念に反して上記職務命令に従うかの岐路に立たされることになること、③上記職務命令が違法であった場合に侵害を受ける権利は、<u>思想・良心の自由等の精神的自由権にかかわる権利であって、そもそも事後的救済には馴染みにくい権利である</u>ということができるうえ、入学式、卒業式等の式典が毎年繰り返されることに照らすと、その侵害の程度も看過し難いものがあるということができること、④<u>丁事件原告らが受ける懲戒処分は戒告、減給、停職と回数を重ねる毎に重い処分となっており、更に回数を重ねた場合に懲戒免職処分となる可能性も否定できない</u>ことなど処分により受ける不利益も決して小さくないことがそれぞれ認められる。以上の各事実に照らすと、丁事件原告らの前記『第1請求』の第2項の請求には、損害の回復の程度、損害の性質・程度、処分の内容・性質に照らし、重大な損害を生ずるおそれがあると認めるのが相当である」と判示し、<u>差止請求を認めた</u>。なお、上告審（最判平成24・2・9民集66巻2号183頁）では請求は棄却されている。

判例 Check

○桜川市投票事務仮の差止申立事件（水戸地決平成18・8・11判タ1224号233頁）

　桜川市議会議員である申立人が桜川市選挙管理委員会を相手方として、住民らによる議会解散請求に基づいて相手方が行うことが予定されている解散の投票のための投票期日の告示等一切の投票事務の執行の仮の差止めを求めた事案である。

　決定は、「本件申立てのうち、本件投票の投票期日の告示の差止めを求める部分については、前記1(3)のとおり、平成18年7月31日に既に本件投票の投票期日の告示が実施されているため、もはや差止めを求める利益は存在しない」とし、次に「<u>本件申立てのその余の部分は、差止めを求める対象の特定を欠くため不適法である</u>。すなわち、申立人らは、『一切の選挙事務の執行』が行政事件訴訟法3条7項によって差止めを求めることができる『一定の処

分又は裁決』に当たることを前提としてその差止めを求めるようであるが、この主張からは、相手方のいかなる行為を捉えて『処分又は裁決』と主張するのか明らかでなく、これを前提とする限り、本件申立てのその余の部分が差止めの要件を具備しているか否か具体的に判断することは不可能である。したがって、本件申立てのその余の部分は、差止めを求める対象の特定を欠くため、同法3条7項によって差止めを求めることができる『一定の処分又は裁決』について差止めを求めるものとは認められず、同条項の要件を充たさない不適法な申立てというほかない」として、仮の差止めの申立てを却下した。

判例 Check

○砂利採取計画認可事件（青森地判平成19・6・1裁判所ウェブサイト）

　十和田県土整備事務所長が砂利採取業者Aに対して原告所有の土地における砂利採取計画の認可を行ったことについて、原告が認可の取消しを求めるとともに、本件認可に係る採取期間経過後もなお継続して砂利採取計画の認可がされる蓋然性があると主張して、Aおよびその他の者に対する本件土地における砂利採取法16条による採取計画の認可の差止めを求めた事案である。

　判旨は、「その他の者」（すなわち、Aを除くすべての者）に対する認可の差止めについて、「『その他の者』に対する認可の差止めはAを除く全ての者に対する全ての認可という無限定かつ包括的な処分を前提とするものであり、『一定の処分』の差止めを求める差止めの訴えの請求の特定として、最低限度の特定すらされていない不特定なものであるといわざるをえない。そうすると、本件差止めの訴えのうち、『その他の者』（Aを除く全ての者）に対する認可の差止めを求める部分については、……そもそも請求の特定を欠くものとして、不適法である」と判断し、「その他の者」に対する差止めについては処分の特定がないことを理由に却下した。

(2) 一定の処分または裁決をする蓋然性

　差止訴訟を提起するためには、「これがされようとしている場合」（行訴3条7項）でなければならない。そのため、差止めの対象となる行政処分が行

われることが客観的にみて相当程度の蓋然性があることが必要とされている。[2]
この点、蓋然性の程度については、行政庁が処分要件の外形的充足を認識していれば足りるという程度でよく、高度なものを要求すべきではないとされる。[3]

> **判例 Check**
>
> ○砂利採取計画認可事件（前掲青森地判平成19・6・1）
>   事案は、前記のとおり。判旨は、Aに対する認可の差止めについて、「<u>Aが今後も継続的に本件土地について砂利採取計画の認可申請をしたとしても直ちに認可を得られるということはない旨を被告が明言しているのであるから、上北地域県民局長においても上記認可をするがい然性があるとはいえない</u>ものと認めるのが相当である。そうすると、本件差止めの訴えのうち、Aに対する認可の差止めを求める部分については、処分のがい然性を欠くものとして、不適法である」と判断して、<u>Aに対する認可の差止めについては処分が行われる蓋然性がないことを理由に却下した。</u>

(3) 原告適格

　差止訴訟は、原告適格として、行政庁が一定の処分または裁決をしてはならない旨を命じることを求めるにつき法律上の利益を有する者に限り、提起することができる（行訴37条の4第3項）。差止訴訟において、処分または裁決を受ける者が原告適格を有することに特段問題はないが、処分または裁決を受ける者以外の第三者が差止訴訟を提起する場合には、慎重な判断を要する。

　この点、差止訴訟における原告適格は、取消訴訟における原告適格と同様に考えることができ、通説・判例は、「法律上の利益」とは、当該処分の根拠法令が保護している利益と解釈し、原告適格の判定を処分の根拠となる法

2　平成16年10月7日付け最高裁判所における行政事件担当裁判官協議会。
3　南＝高橋・前掲（注1）662頁〔山崎栄一郎〕。

令の解釈に帰着させる。また、行政事件訴訟法37条の4第4項、9条2項は、第三者が差止訴訟を提起する場合の原告適格の判断について、当該処分または裁決の根拠となる法令の規定の文言のみによることなく、当該法令の趣旨および目的並びに当該処分において考慮されるべき利益の内容および性質を考慮するものとしている。そして、当該法令の趣旨および目的を考慮するにあたっては、当該法令と目的を共通にする関係法令があるときはその趣旨および目的をも参酌するものとし、当該利益の内容および性質を考慮するにあたっては、当該処分または裁決がその根拠となる法令に違反してされた場合に害されることとなる利益の内容および性質並びにこれが害される態様および程度をも勘案するものと定めている。

判例も、「法律上の利益を有する者」について、「当該処分により自己の権利若しくは法律上保護された利益を侵害され、または必然的に侵害されるおそれのある者をいう」としたうえで、「当該処分を定めた行政法規が、不特定多数の具体的利益を専ら一般的公益の中に吸収解消させるにとどめず、それが帰属する個々人の個別的利益としてもこれを保護すべきものとする趣旨を含むと解される場合には、このような利益もここにいう法律上の保護された利益に当たり、当該処分によりこれを侵害され又は必然的に侵害されるおそれのある者は、当該処分の取消訴訟における原告適格を有する」と判断している（最判平成17・12・7民集59巻10号2645頁〔小田急線事件〕）。

判例 Check

○小田急線事件（最判平成17・12・7民集59巻10号2645頁）
　東京都が小田急小田原線喜多見駅付近から梅ヶ丘駅付近までの区間を複々線化し、これと交差する複数の幹線道路と立体交差させ高架化する事業に変更するなどの各事業を行うことを告示し、建設大臣が東京都に対しこれらの各事業を都市計画事業として認可し告示したところ、本件各事業に係る関連

4　櫻井敬子＝橋本博之『行政法〔第4版〕』292頁。

側道部分の土地所有者および沿線住民らが建設大臣を被告にして本件都市計画事業認可の取消しを求めた事案である。

　判旨は、原告適格について、都市計画法の規定の内容や東京都の環境影響評価条例の規定などを検討したうえで「都市計画事業の認可に関する……規定……の趣旨及び目的にかんがみれば、事業地の周辺地域に居住する住民に対し、違法な事業に起因する騒音、振動等によってこのような健康又は生活環境に係る著しい被害を受けないという具体的利益を保護しようとするものと解され……前記のような被害の内容、性質、程度等に照らせば、この具体的利益は、一般的公益の中に吸収解消されることが困難なものといわざるを得ない」、「したがって、都市計画事業の事業地の周辺に居住する住民のうち……健康又は生活環境に係る著しい被害を直接的に受けるおそれのある者は、当該事業の認可の取消しを求めるにつき法律上の利益を有する者として」原告適格を有すると判断し、最判平成11・11・25判時1698号66頁は、以上と抵触する限度において変更した。

判例 Check

○病院開設許可事件（最判平成19・10・19判時1993号3頁）

　被上告人である都道府県知事が医療法7条に基づく病院の開設許可を行ったところ、その付近において医療施設を開設し医療行為をする医療法人、社会福祉法人および医師並びに同市内の医師等の構成する医師会である上告人らがその取消しを求めた事案である。

　判旨は、医療法の規定を検討したうえで、「法の目的を定める法1条及び医師等の責務を定める法1条の4の規定からも、病院開設の許可に関する法の規定が他施設開設者の利益を保護すべきものとする趣旨を含むことを読み取ることはできず、そのほか、上告人らが本件開設許可の取消しを求める法律上の利益を有すると解すべき根拠は見いだせない。そうすると、上告人らは、本件開設許可の取消しを求める原告適格を有しないというべきである」と判断した。

Ⅰ　行政法における差止訴訟

判例 Check

○場外車券販売施設設置許可事件（最判平成21・10・15民集63巻8号1711頁）

　経済産業大臣が訴外株式会社Ａに対して場外車券販売施設の設置許可をしたところ、本件施設の周辺で病院を開設する医師や周辺住民が設置許可の取消しを求めた事案である。

　判旨は、「場外施設が設置、運営された場合に周辺住民等が被る可能性のある被害は、交通、風紀、教育など広い意味での生活環境の悪化であって、その設置、運営により、直ちに周辺住民等の生命、身体の安全や健康が脅かされたり、その財産に著しい被害が生じたりすることまでは想定し難い」、「このような生活環境に関する利益は、基本的には公益に属する利益というべきであって、法令に手掛りとなることが明らかな規定がないにもかかわらず、当然に、法が周辺住民等……の個別的利益としても保護する趣旨を含むと解するのは困難」である。「場外施設の周辺において居住し又は事業（医療施設等に係る事業を除く。）を営むにすぎない者や、医療施設等の利用者は、……原告適格を有しない」、「位置基準は、……業務上の支障が具体的に生ずるおそれのある医療施設等の開設者において、健全で静穏な環境の下で円滑に業務を行うことのできる利益を、個々の開設者の個別的利益として保護する趣旨をも含む規定であるというべきであるから、当該場外施設の設置、運営に伴い著しい業務上の支障が生ずるおそれがあると位置的に認められる区域に医療施設等を開設する者は、位置基準を根拠として……原告適格を有する」、「当該医療施設等の開設者が上記の原告適格を有するか否かを判断するに当っては、当該場外施設が設置、運営された場合にその規模、周辺の交通等の地理的状況等から合理的に予測される来場者の流れや滞留の状況等を考慮して、当該医療施設等が上記のような区域に所在しているか否かを、当該場外施設と当該医療施設等との距離や位置関係を中心として社会通念に照らし合理的に判断すべきもの」である。「120mないし200m離れた場所に医療施設を開設する者」3名は、「前記の考慮要素を勘案することなく上記の原告適格を有するか否かを的確に判断することは困難」であると判断して、一部破棄

自判、一部破棄差戻しとした。

(4) 損害の重大性

差止訴訟を提起するためには、一定の処分または裁決がされることにより「重大な損害を生ずるおそれがある場合」（行訴37条の4第1項）でなければならない。裁判所は、重大な損害を生ずるか否かを判断するにあたっては、損害の回復の困難の程度を考慮するものとし、①損害の性質および程度、②処分または裁決の内容および性質をも勘案するものとする（同条2項）。

差止訴訟が認められるのは、裁判所が行政の違法性の判断を事前にしなければならないだけの必要性がある場合、つまり事前救済を求めるにふさわしい救済の必要性がある場合に限られ、処分または裁決がなされた後にその取消訴訟を提起して執行停止を受けることにより容易に救済を受けられる性質の損害は、差止訴訟による救済の必要性の要件を判断するにあたって考慮される損害にはあたらないとされる。[5]そのため、行政事件訴訟法は、取消訴訟を原則として、差止訴訟は、取消訴訟・執行停止では被害救済にならない場合に例外的に認められるものであるといえる。[6]

判例 Check

○君が代ピアノ伴奏事件最高裁判決（最判平成24・2・9民集66巻2号183頁）

事案は前記7頁記載のとおり。判旨は、「差止めの訴えの訴訟要件として上記『重大な損害を生ずるおそれ』があると認められるためには、処分がされることにより生ずるおそれのある損害が、処分がされた後に取消訴訟等を提起して執行停止の決定を受けることなどにより容易に救済を受けることができるものではなく、処分がされる前に差止めを命ずる方法によるのでなければ救済を受けることが困難なものであることを要すると解するのが相当であ

5　小林久起『行政事件訴訟法』188頁。
6　橋本博之『解説改正行政事件訴訟法』78頁。

る。本件においては……毎年度2回以上の各式典を契機として上記のように懲戒処分が反復継続的かつ累積加重的にされていくと事後的な損害の回復が著しく困難になることを考慮すると、……その回復の困難の程度等に鑑み、本件差止めの訴えについては上記『重大な損害を生ずるおそれ』があると認められるというべきである」と判断し、<u>損害の重大性を認めた</u>が結論としては差止めを認めなかった。

> **判例 Check**

○**産業廃棄物処分業許可申請事件**（大阪地判平成18・2・22判タ1221号238頁）

　株式会社がリサイクルセンターを設置して建設廃材の中間処理業を営むこととして、廃棄物の処理及び清掃に関する法律14条6項に基づいて、堺市長に対して産業廃棄物の処分業の許可申請を行ったところ、原告らが前記申請に対する許可処分の差止めを求めた事案である。

　判旨は、本件リサイクルセンターの構造屋設備、産業廃棄物の種類・量、処理の方法・態様、産業廃棄物の粉じん、汚染の流出などの被害の程度・態様を検討したうえで、「本件許可処分がされ、本件リサイクルセンターにおいて産業廃棄物の処理が開始されることによって<u>直ちに原告ら5名が産業廃棄物の飛散、流出、地下への浸透、悪臭の飛散又は排ガス、排水、騒音及び振動等により生命、健康又は生活環境に係る著しい被害を受けるような事態は容易に想定し難いものというべきであり、本件許可処分がされることにより原告ら5名に生ずるおそれのある損害は、本件許可処分の取消しの訴えを提起して行政事件訴訟法25条2項に基づく執行停止を受けることにより避けることができるような性質、程度のものであるといわざるを得ない</u>」と判断して、訴えを却下した。

> **判例 Check**

○**保険医登録取消処分仮の差止請求事件**（大阪地決平成18・5・22判タ1216号115頁）

15

京都社会保険事務局長が歯科医師である申立人に対して健康保険法81条に基づく保険医登録取消処分を行おうとしているところ、申立人が同処分の差止めを求めたうえで、仮の差止めを求めて申立てを行った事案である。
　判旨は、「本件登録取消処分がされて公示、公表等されることにより、その時点で直ちに勤務先医療法人の退職を余儀なくされ、後に当該処分について行政事件訴訟法25条2項に基づく執行停止がされた場合であっても、歯科医業を行うことによる収入を得るみちがもはや事実上絶たれるものとまで直ちに認めることは困難というべきである。このことに加えて、本件登録取消処分がされることにより申立人に生じるおそれのある主たる損害が歯科医業による収入の減少ないし喪失という財産上のものであることにもかんがみると、上記事実関係の下においては、当該損害は、本件登録取消処分の取消しの訴えを提起して行政事件訴訟法25条2項に基づく執行停止を受けることにより避けることができるような性質、程度のものであるといわざるを得ない。もっとも、本件登録取消処分がされることにより申立人に生じるおそれのある前記のような社会的評価ないし信用の低下に係る損害は、その性質上、必ずしも本件登録取消処分の取消しの訴えを提起して執行停止を受けることにより避けることができるような性質のものであると断ずることはできないが、前記のとおり、保険医登録取消処分が直ちに当該歯科医師の歯科医師としての知識及び技能その他適性の欠如に結び付くものではなく、当該損害の内容、性質及び程度にも鑑みると、同法37条の4第1項にいう重大な損害に当たるということはできないものというべきである」と判断し、重大な損害にはあたらないとして申立てを却下した。

判例 Check

○**頭髪強制調髪差止請求事件**（名古屋地判平成18・8・10判タ1240号203頁）

　受刑者である原告は生物学上および戸籍上は男性であるものの、性同一性障害のため、心理的、社会的には女性として生活してきたことを理由に、拘置署長に対して、刑事施設及び受刑者の処遇等に関する法律37条に基づく男子受刑者としての調髪処分の差止めを求めた事案である。

判旨は、「髪型を自己の意思や好みに従って選択し、決定することは、個々人の自己表現の一態様として基本的に各自が自由に決することができるのであって、個人の尊厳に係る権利として尊重されるべきものと解されるところ、刑事施設法37条に基づく調髪処分は、受刑者個人の意思に反しても、一定範囲の髪型に調髪することを強制するものであり、その執行によって従前保持してきた頭髪及び髪型は失われ、その後髪は伸びてくるとはいえ、従前の長髪等に復するまでには相当の期間を要し、それまでの間の上記利益は失われるのであるから、同処分による損害は、その性質上回復の困難な損害というべきである。以上の点に照らしてみると、<u>上記調髪処分がなされるときは、原告に同処分の取消しの訴え及び執行停止による事後審査によっては、回復することが困難な重大な損害が生じるおそれがあると認めるのが相当である</u>」と判断し、重大な損害が生じることは認めたが、本件調髪処分は名古屋拘置署長の裁量権の逸脱・濫用とは認められないとして請求を棄却した。

(5) 補充性

差止訴訟は、「損害を避けるため他に適当な方法があるとき」(行訴37条の4第1項)には提起することができない。この補充性の要件は、ただし書として定められており、前記の損害の重大性の場合とは異なり、消極要件の形となっている。これは、積極要件である損害の重大性が満たされるのであれば、通常、補充性の要件も満たすと考えられるからである。

なお、行政法上の差止訴訟以外に民事訴訟や公法上の当事者訴訟の提起が可能な場合に、補充性の要件を欠くのかどうかが問題になり得るが、国民の権利利益の救済範囲の拡大という改正法の趣旨からすれば直ちに補充性の要件を満たさないとすることは疑問である[7]。

(6) 被告適格

差止訴訟の被告適格については取消訴訟の規定が準用される(行訴38条1項、11条)。そのため、差止めの対象となる処分・裁決をしようとしている行政庁が国または公共団体に所属する場合には、その処分・裁決をしようと

---

7 南＝高橋・前掲(注1)665頁〔山崎栄一郎〕。

している行政庁の所属する国または公共団体が被告となる（同法11条1項）。なお、その場合には、訴状にその処分・裁決をした行政庁を記載しなければならない（同条4項）。また、処分・裁決をしようとしている行政庁が処分権限を委任された指定法人である場合など国または公共団体に所属しない場合には、その処分・裁決をしようとしている行政庁が被告となる（同条2項）。そして、上記規定によっても被告とすべき国もしくは公共団体または行政庁がない場合には、その処分・裁決に係る事務の帰属する国または公共団体を被告として提起しなければならない（同条3項）。この場合も訴状にはその処分・裁決をしようとしている行政庁を記載しなければならない（同条4項）。

(7) 管 轄

差止訴訟の管轄についても取消訴訟の規定が準用される（行訴38条1項、12条）。そのため、差止訴訟の管轄は、原則として、①被告の普通裁判籍の所在地を管轄する裁判所、もしくは②処分・裁決をしようとしている行政庁の所在地を管轄する裁判所の管轄に属する（同法12条1項）。そのため、被告が国の場合には、国を代表する官庁（民訴4条6項）である法務省の所在地を管轄する東京地方裁判所が管轄となる。

なお、土地の収用、鉱業権の設定その他不動産または特定の場所に係る処分・裁決についての差止訴訟は、その不動産または場所の所在地の裁判所にも提起することができる（行訴12条2項）。さらに、処分・裁決に関して事案の処理にあたっている下級行政機関の所在地の裁判所にも差止訴訟を提起することができる（同条3項）。

また、国・独立行政法人などを被告とする差止訴訟においては、原告の普通裁判籍の所在地を管轄する高等裁判所の所在地を管轄する地方裁判所（特定管轄裁判所）にも提起することができる（行訴12条4項）。なお、特定管轄裁判所に差止訴訟が提起された場合において、他の裁判所に事実上・法律上同一の原因に基づく処分・裁決に係る抗告訴訟が係属している場合には、そ

の特定管轄裁判所は事件をその抗告訴訟が係属している裁判所に移送することができる（同条5項）。

4 本案要件

差止請求が認められるためには、上記の訴訟要件を満たしたうえで、本案要件として「行政庁がその処分若しくは裁決をすべきでないことがその処分若しくは裁決の根拠となる法令の規定から明らかであると認められ又は行政庁がその処分若しくは裁決をすることがその裁量権の範囲を超え若しくはその濫用となると認められる」（行訴37条の4第5項）ことが必要である。これは、①行政庁が法令の規定から処分をすべきでないにもかかわらず処分をしようとしている場合、②行政庁に処分について裁量が認められるが裁量権の逸脱・濫用によって処分をしようとしている場合のことである。

判例 Check

○**鞆の浦景観保全事件**（広島地判平成21・10・1判時2060号3頁）
　原告らは、本件公有水面について、①慣習排水権を有していると主張する者、②漁業を営む権利を有していると主張する者、③本件公有水面を含むその周辺地域の良好な景観の恵沢を享受する利益を有すると主張する者であり、被告は、本件公有水面について公有水面埋立法（以下、「公水法」という）上の公有水面埋立免許権限を有する広島県知事が所属する地方公共団体である。本件は、原告らによって、被告および補助参加人からの本件公有水面の埋立免許の出願について、広島県知事による公水法2条所定の免許をする処分の差止めを求めた事案である。

1．原告適格
　判旨は、慣習排水権者と認められる原告に対しては、公水法の規定内容を根拠に原告適格を認めたが、漁業を営む権利を有すると主張する原告らに対しては、漁業協同組合（以下、「漁協」という）が当該公有水面の漁業権を放棄したことから、その組合員等である原告らについても原告適格を否定した。他方、良好な景観の恵沢を享受する利益を有すると主張する原告らについて

は、国立マンション最高裁判決（最判平成18・3・30民集60巻3号948頁）を引用したうえで、「客観的価値を有する良好な景観に近接する地域内に居住し、その恵沢を日常的に享受している者……が有する良好な恵沢を享受する利益（景観利益）は、私法上の関係において、法律上保護に値する」と判断し、そのうえで、行政事件訴訟法の法律上の利益を有する者といえるか否かについては、公水法3条が利害関係を有する者に意見書提出の機会を与え、瀬戸内海環境保全特別措置法（以下、「瀬戸内法」という）が埋立免許の判断について、「瀬戸内海が、わが国のみならず世界においても比類ない美しさを誇る景勝地として、その恵沢を国民がひとしく享受し、後代の国民に継承すべきものである」（同法3条1項）と定めた瀬戸内海の特殊性について十分に配慮することを求め（同法13条1項）、政府の定めた基本計画および広島県の定めた県計画に「環境保全に十分に配慮する」、「地域住民の意見が反映されるよう努める」と定めていることを根拠に、原告らのうち、瀬戸内海とかかわりの深い地域住民の瀬戸内海について有するところの景観等の利益を有すると認められる者については、原告適格を認めた。

2．損害の重大性

　判旨は、まず原告らの慣習排水権については「事業者らは、代替の排水施設の設置を計画しているのであり、排水手段の確保のための措置が講じられている」として、損害の重大性を否定した。

　次に、原告らの景観利益については、「本体コンクリート工は……景観を変化させ得るもの」であり「完成後は、その復旧は容易でないものと推認され」、「本件埋立免許がなされたならば、事業者らは、遅くとも約3ヶ月後には工事を開始すると予測され、第1工区における中仕切護岸の本体コンクリート工は、そのさらに約5ヶ月後に完成するものと計画されている。他方、本件は争点が多岐にわたり、その判断は容易でないこと、第一審の口頭弁論が既に終結した段階であることなどからすれば、本件埋立免許がなされた後、取消しの訴えを提起した上で執行停止の申立てをしたとしても、直ちに執行停止の判断がなされるとは考え難い」、「以上の点や、景観利益は、生命・身体等といった権利とはその性質を異にするものの、日々の生活に密接に関連した利益といえること、景観利益は、一度損なわれたならば、金銭賠償によって回復することは困難な性質のものであることなどを総合考慮すれば、景観利益については、本件埋立免許がされることにより重大な損害を生ずるおそれ

があると認めるのが相当である」と判断し、損害の重大性を認めた。
3．被告による法令違反および裁量権の逸脱・濫用
　判旨は、瀬戸内法が公水法2条1項の免許について、瀬戸内海の美しい景観は後代の国民に継承すべきものであるとの瀬戸内海の特殊性について十分配慮することを求めていること、瀬戸内法が策定を定めた基本計画には「瀬戸内海の自然景観及びこれと一体をなしている史跡名勝天然記念物等についてできるだけ良好な状態で保全するように努める」旨を定め、県計画には「これらの瀬戸内海の自然景観と一体をなしている文化財は、できるだけ良好な状態で保全されるよう関係法令に基づく規制を徹底するとともに、防災施設措置、保存修理及び環境整備等の対策を積極的に推進するものとする」旨を定めていることから、法令は、文化的、歴史的価値のある本件港の景観をできるだけ良好な状態で保全することを、国土利用上の行政目的としているものと解されると判断した。したがって、「広島県知事は、本件埋立免許が（公水法4条1項1号で定められた）『国土利用上適正且合理的』であるか否かを判断するに当たっては、本件埋立及びこれに伴う架橋を含む本件事業が a1 の景観に及ぼす影響と、本件埋立及びこれに伴う架橋を含む本件事業の必要性及び公共性の高さとを比較考量の上、瀬戸内海の良好な景観をできるだけ保全するという瀬戸内法の趣旨を踏まえつつ、合理的に判断すべきであり、その判断が不合理であるといえる場合には、本件埋立免許をすることは、裁量権を逸脱した違法な行為に当たるというべきである」と判示した。
　そして、本件事業の目的である道路整備効果、駐車場の整備、小型船だまりの整備、フェリーふ頭、防災整備、下水道整備に関する事実関係、調査内容について詳細に検討した結果、広島県知事が行った調査、検討は、不十分であるか、または、一定の必要性、合理性は認められたとしても、それのみによって本件埋立てそれ自体の必要性を肯定することの合理性を欠くものであり、前記行政目的を達するための事業を一体的に行えるという利点があるとしても、本件港の景観の保全という行政目的や、一体的な事業によらなかった場合に生じる具体的な不都合も想定しにくいことを考慮すると、行政事件訴訟法37条の4第5項所定の裁量権の範囲を超えた場合にあたるというべきであると判示して差止めを認めた。

5 仮の差止め

(1) 要件

(ア) 概要

差止訴訟において、上記の訴訟要件、本案要件を満たして差止請求が認められる場合であっても、一般的に訴訟手続には最低でも判決までに半年近くはかかることから、その間に処分や裁決が行われてしまっては権利救済は図れない。そのため、①原告が差止訴訟を提起したうえで、②「その差止めの訴えに係る処分又は裁決がされることにより生ずる償うことのできない損害を避けるため緊急の必要があり」(行訴37条の5第2項)、かつ、③「本案について理由があるとみえ」(同条項)、④「公共の福祉に重大な影響を及ぼすおそれ」(同条3項)がない場合には、仮の差止めが認められる。

(イ) 「償うことのできない損害」

仮の差止めの要件である「償うことのできない損害」については、行政権と司法権の権能分担に配慮し、厳格な要件の下でこれを運用しようとする立法者意思が反映されたものであり、金銭賠償のみによって損害を甘受させることが社会通念上著しく不合理と評価される程度の損害である必要があるとされる。[9]

> **判例Check**
>
> ○産業廃棄物処分業許可申請事件(大阪地決平成17・7・25判タ1221号260頁)
>
> 産業廃棄物処理業者がリサイクルセンターを設置して建設廃材の中間処理業を営むこととして、廃棄物の処理及び清掃に関する法律14条6項に基づい

---

8 橋本・前掲(注6)133頁。
9 宇賀克也『改正行政事件訴訟法——改正法の要点と逐条解説〔補訂版〕』161頁、小林・前掲(注5)290頁。

て、堺市長に対して産業廃棄物の処分業の許可申請を行ったところ、原告らが前記申請に対する許可処分の仮の差止めを求めた事案である。

　決定は、本件リサイクルセンターの構造屋設備、産業廃棄物の種類・量、処理の方法・態様、産業廃棄物の粉じん、汚染の流出などの被害の程度・態様を検討したうえで、「本件許可処分がされ、本件リサイクルセンターにおいて産業廃棄物の処理が開始されることによって<u>直ちに</u>原告ら5名が産業廃棄物の飛散、流出、地下への浸透、悪臭の飛散又は排ガス、排水、騒音及び振動等により<u>生命、健康又は生活環境に係る著しい被害を受けるような事態は容易に想定し難い</u>ものというべきであり、<u>本件許可処分がされることにより原告ら5名に生ずるおそれのある損害は、本件許可処分の取消しの訴えを提起して行政事件訴訟法25条2項に基づく執行停止を受けることにより避けることができるような性質、程度のものであるといわざるを得ない</u>」と判断して、本件申立てを却下した。

判例 Check

○**パチンコ営業許可申請事件**（大阪地決平成18・8・10判タ1224号236頁）

　パチンコ営業業者が大阪府公安委員会に対して、風俗営業等の規制及び業務の適正化等に関する法律5条1項の規定に基づいて本件建物地下1階部分においてパチンコ遊技場を営業することの許可を申請（本件申請）したところ、本件建物から約50メートルの距離にあるビル内において歯科医院を経営する申立人が本件申請の差止め訴訟を提起するとともに仮の差止めを申し立てた事案である。

　決定は、「『処分……がされることにより生ずる償うことのできない損害を避けるため緊急の必要』があるといえるためには、<u>ひとたび違法な処分がされてしまえば、当該私人の法律上保護された利益が侵害され、その侵害を回復するに後の金銭賠償によることが不可能であるか、これによることが著しく不相当</u>と認められることが必要であり、損害を回復するために金銭賠償によることが不相当でない場合や、処分が後に取消判決によって取り消され、又は執行停止の決定により処分の効力、処分の続行又は処分の継続が停止されることによって損害が回復されるような場合には、上記緊急の必要性は認

23

められないというべきである」、「申立人は、本件申請に対する許可処分がされれば、周辺の静穏が回復できないほど破壊されるとともに、本件診療所が環境変化を嫌った顧客を失い、回復不可能な経営上の損害を被ると主張する。……しかし、仮に本件申請について許可処分がされ、それが違法なものであったとしても、それによって直ちに本件診療所周辺の環境が不可逆的に著しく悪化するとはいえず、営業許可がされ、本件営業所の営業が開始された後においても、その後取消訴訟によって営業許可が取り消され、あるいは執行停止によって営業許可の効力が停止されれば、その時点で本件営業所は営業ができなくなり、当該許可処分以前の環境を回復することは可能であると解される」と判断し、本件申立てを却下した。

判例 Check

○退去強制令書発付処分事件（大阪地決平成18・12・12判タ1236号140頁）

　外国人である申立人が大阪入国管理局主任審査官から出入国管理及び難民認定法24条4号イ（資格外活動）の退去強制事由に該当することを理由に退去強制令書の発付処分がされるおそれがあるとして、その差止訴訟を提起するとともに仮の差止めを求めた事案である。

　決定は、「申立人は、退去強制令書の発付処分がされると、速やかにその執行がされ、本邦における生活そのものが奪われるほか、居住の自由に関して大きな不利益を受ける上、少なくとも5年間は本邦への上陸が拒否されるので、婚約者との婚姻も不可能となること、退去強制令書が執行されて送還されてしまうと、差止め訴訟はもちろん、取消訴訟も含めて訴えの利益が消滅し、本案訴訟による救済を受けることができなくなること、仮に訴えの利益が肯定され、取消判決を得ることができても、現行法上、送還前に申立人が置かれていた原状に回復する制度的保証がなく、退去強制により申立人は回復不可能な損害を受けることを主張している」、「しかしながら、退去強制令書の送還部分の執行によって被る不利益は、処分がされた後に取消訴訟を提起し、その執行停止の決定を得ることにより回避することができるし、収容部分の執行によって被る不利益は、申立人の主張する各事実を前提としたとしても、償うことのできない損害に該当するものとはいえず、社会通念上、

金銭賠償による回復をもって満足することもやむを得ないというべきである」
と判断し、本件申立てを却下した。

　(ウ)　「本案について理由があるとみえるとき」

　仮の差止めは「本案について理由があるとみえるとき」を要件として定めている。この点、執行停止の場合は「本案について理由がないとみえるとき」（行訴25条4項）と定めて消極要件とされているが、仮の差止めの場合は、「本案について理由があるとみえるとき」と定めていることから（同法37条の5第2項）、積極要件とされている。そのため、仮の差止めの場合は、申立人はこれを基礎づける事実関係について十分に主張し疎明する必要がある。

　(エ)　「公共の福祉に重大な影響を及ぼすおそれがあるとき」

　仮の差止めが認められるためには、「公共の福祉に重大な影響を及ぼすおそれがあるとき」（行訴37条の5第3項）ではないことが必要であるが、この事実は相手方である行政庁側が疎明しなければならない。

判例Check

○仮の差止めが認容された事例——保育所廃止処分事件（神戸地決平成19・2・27裁判所ウェブサイト）

　相手方が本件保育園を廃止する内容の条例（本件条例）を制定し、その施行に伴って本件保育園を廃止して民間の社会福祉法人に運営を移管する予定であるところ、本件保育園に入所していた児童および保護者である申立人らが、本件条例の制定は申立人らの保育所選択権等を侵害するものであって違法である等と主張して本件条例の制定の差止訴訟を提起するとともに仮の差止めを求めた事案である。

　決定は、「『償うことのできない損害』とは、……金銭賠償が不可能な損害が発生する場合のほか、社会通念に照らして金銭賠償のみによることが著しく不相当と認められるような場合を指すものと解される」、「本件保育所に本件法人の保育士の多くを招いて引継ぎのために移管前に行うものはわずか5日間だけという極めて短いものとなっており、……平成19年4月以降は、本

件法人が本件保育所の経営、運営の主体となるのであり、入所児童の生命身体の安全及びその健康確保に第一次的な責任を負うのも本件法人であることはいうまでもない。退所する5歳児を除き、また、若干転所する児童がいる可能性を考慮しても約90名又はそれに近い人数の児童を一挙に引き継ぐ本件法人が、わずか5日程度の共同保育及びその他の書面等による引継ぎにより、個々の児童の個性等を把握し、その生命、身体の安全等に危険が及ぶことのない体制を確立できるとはおよそ考えられない」、「本件においては、上述したように相手方から本件法人への円滑な引継ぎのために行われる共同保育の計画の期間、内容及び実行可能性等について計画自体において問題があることは明らかであり、前記のような極めて不十分で実質的にみれば無きに等しい性急な共同保育を経ただけで市立保育所としての本件保育所を廃止しこれを民間移管することは、申立人らの保育所選択に関する法的利益を侵害するものであり、社会通念に照らして金銭賠償のみによることが著しく不相当と認められるものというべきである」と判断し、民間移管前に保育期間が終了する一部の児童および保護者を除いて本件申立てを認容した。

判例Check

○仮の差止めが認容された事例──住民票消除処分事件（大阪高決平成19・3・1裁判所ウェブサイト）

　日雇労働者である抗告人が起臥寝食の場所としている簡易宿所ではなく、郵便物の送付先として利用しているにすぎず居住の実態を欠く解放会館の所在地を住所として住民基本台帳に登録していたところ、区長が住民基本台帳法8条に基づき職権により抗告人の住民票の消除処分（以下、「本件消除処分」という）を行おうとしていたために、本件消除処分の差止訴訟を提起するとともに仮の差止めを求めたが、原審では仮の差止め申立てが却下されたために抗告を申し立てた事案である。

　決定は、損害の重大性については原決定を引用したうえで認め、本案について理由があるとみえるかどうかについては、「抗告人は、γに滞在している間は必ず宿泊先の簡易宿所を起臥寝食の場所としており、αを起臥寝食の場所としたことはなく、単に同所を自己あての郵便物の郵送先として利用して

いるにすぎないということができるから、a所在地が抗告人の生活の本拠、すなわち抗告人の生活にもっとも関係の深い一般的生活、全生活の中心であるとみることは困難であるといわざるをえない。そうであれば、抗告人の住所は、大阪市β×番内に所在する特定の2、3軒の簡易宿所のうちの主として利用している簡易宿所ということになるはずである。ところが、……<u>抗告人の住所としての実体を有する簡易宿所での住民登録が支障なく行われるとの保証の得られない現状において</u>、抗告人が主として利用し、本来住所と考えられる簡易宿所とaの住所が同じβ×番内であり、非常に近いこと、抗告人は、平成16年11月からaを住所として届出しており、一時期、同所β×番17号δ×××号室に転居した旨の届出をしたが、相当期間、aを住所として届出していて、格別問題が生じていないことなどを総合して考えると、<u>少なくとも、上記の相手方と簡易宿所業者の組合との調整がまとまり、その調整が抗告人ら住民に周知されるまでは、aを住所とみる余地も十分ある</u>というべきである」と述べ「本案について理由があるとみえるとき」に該当すると判断し、仮の差止めの申立てを認容した。

(2) 手 続

仮の差止めの決定は疎明に基づいて行い、口頭弁論を経ないですることができる。ただし、あらかじめ当事者の意見を聞かなければならない。仮の差止めの決定に対しては即時抗告ができるが、即時抗告はその決定の執行を停止する効力を有しない（行訴37条の5第4項、25条5項～8項）。

仮の差止めの決定が確定した後に、その理由が消滅し、その他事情が変更したときは、裁判所は、相手方の申立てにより、決定をもって、仮の差止めの決定を取り消すことができる（行訴37条の5第4項、26条）。

仮の差止めの申立てや決定があった場合には、内閣総理大臣は、裁判所に対し、異議を述べることができ、裁判所は、異議があったときは、仮の差止めをすることができず、すでに仮の差止めの決定をしているときは、これを取り消さなければならない（行訴37条の5第4項、27条）。

仮の差止めまたはその決定の取消しの申立ての管轄裁判所は、本案の係属

する裁判所とする（行訴37条の5第4項、28条）。

仮の差止めの決定は、その事件について、処分または裁決をした行政庁その他の関係行政庁を拘束する（行訴37条の5第4項、33条1項）。

Ⅱ　取消訴訟と執行停止申立て

1　差止訴訟の訴訟要件を満たさない場合

　差止訴訟は、処分または裁決がなされる前にその処分または裁決を差し止める事前救済であるから、処分または裁決がなされた後にその処分または裁決の取消しを求める事後救済である取消訴訟よりも、より権利救済に資することになる。そのため、処分や裁決がなされる前であれば積極的に差止訴訟を利用すべきであるが、差止訴訟は、取消訴訟（行訴3条1項・2項）とは異なり、処分または裁決により「重大な損害を生ずるおそれ」という要件など取消訴訟にはない要件を満たす必要があり、その要件を満たさない場合には差止訴訟を利用することができない。

　しかし、差止訴訟の訴訟要件を満たさない場合でも、処分・裁決が行われた後に処分・裁決の取消訴訟を提起し、さらに取消訴訟の提起と同時または提起後直ちに執行停止（行訴25条2項）を申し立てることにより、処分・裁決の執行または手続の続行を停止することができるので、その方法により権利救済を図ることができる。

2　取消訴訟の訴訟要件

(1) 内　容

　取消訴訟については、訴訟要件として処分性、原告適格、訴えの利益、被告適格、管轄裁判所、審査請求前置、出訴期間がある。そのうち処分性、原告適格、被告適格、管轄裁判所については、上記Ⅰで解説した差止訴訟の場合と同様に考えられるが、訴えの利益、審査請求前置、出訴期間については

別途検討が必要である。

(2) 訴えの利益

この点、取消訴訟における訴えの利益が問題となる場合として、処分・裁決から時間が経過することによって事情が変更して、取消訴訟が認容されたとしても原告の具体的な権利利益が客観的に回復可能とはならない場合があげられる。具体的には、自動車運転免許証の効力停止処分について処分期間の経過後無違反無処分で1年を経過した場合（最判昭和55・11・25民集34巻6号781頁）や、建築確認取消訴訟について建築工事が完成した場合（最判昭和59・10・26民集38巻10号1169頁）などがある。

(3) 審査請求前置

また、取消訴訟は、取消しの対象である処分について法令の規定により審査請求できる場合においても直ちに訴訟提起できるのが原則であるが（自由選択主義。行訴8条1項本文）、審査請求に対する裁決を経なければ訴訟提起できないと法律に規定されている場合には、審査請求を経た後でなければ訴訟提起できない（審査請求前置主義。同項ただし書）。なお、審査請求があった日から3カ月を経過しても裁決がない場合など一定の場合には、裁決を経ないでも訴訟提起できる（同条2項）。

(4) 出訴期間

さらに、取消訴訟は、処分・裁決のあったことを知った時から6カ月、処分・裁決の日から1年を経過した場合には提起することができない（出訴期間。行訴14条）。ただし、正当な理由がある場合はこの限りではない（同条ただし書）。なお、審査請求があった場合や行政庁が誤って審査請求できる旨を教示して審査請求がなされた場合には、その審査請求に対する裁決があったことを知った時から6カ月、その裁決の日から1年が出訴期間となる（同条3項）。

3 執行停止の要件

執行停止が認められるためには、まず積極要件として、「処分の取消しの訴えの提起があった場合において、処分、処分の執行又は手続の続行により生ずる重大な損害を避けるため緊急の必要があるとき」（行訴25条2項本文）でなければならない。そのため、①取消訴訟の提起と、②重大な損害を避けるための緊急の必要性が要件となる。なお、重大な損害を生ずるか否かを判断するにあたっては、損害の回復の困難の程度を考慮するものとし、損害の性質および程度並びに処分の内容および性質をも勘案するものとされている（同条3項）。

また、執行停止の申立てを行うには、申立ての利益が必要であり、すでに執行が完了して原状回復の余地が失われた場合には申立ての利益が否定される。

次に消極要件として、①公共の福祉に重大な影響を及ぼすおそれがあるとき、または②本案について理由がないとみえるときが定められており（行訴25条4項）、それらの要件に該当する場合には執行停止は認められない。

III 公法上の当事者訴訟

取消訴訟や差止訴訟などの抗告訴訟においては、処分性が訴訟要件となっている。そのため、処分や裁決にあたらないような行政指導などの行政活動については取消訴訟や差止訴訟を提起することはできない。しかし、近年の裁判所は、土地区画整理事業計画にも処分性を認めるなど（最判平成20・9・10民集62巻8号2029頁）、従来の判断を変更して処分性を拡大する傾向にある。そのため、従来の判例では処分性が認められないような行政活動についても、処分性を有することを前提として差止訴訟や取消訴訟を提起することが考えられるが、その場合でも、処分性が認められないと裁判所が判断して訴えが却下される可能性は残る。

他方、行政事件訴訟法には、「公法上の法律関係に関する確認の訴えその他の公法上の法律関係に関する訴訟」(行訴4条)という公法上の当事者訴訟も法定されており、公法上の当事者訴訟を提起するためには、処分性は必要ではなく、行政庁との間で公法上の法律関係について争いが存在し、その法律関係の有無について確認を求める利益(訴えの利益)があれば提起できる。

　そのため、差止訴訟や取消訴訟を提起すると同時に、差し止めるべき処分を基礎づける行政庁と原告との間の権利義務関係が存在しないことの確認を求める公法上の当事者訴訟を併合提起することが考えられる。

IV　民事訴訟法における差止訴訟

　行政事件訴訟法上の差止訴訟は、行政庁が行う処分または裁決が違法であることを理由に、その処分・裁決の差止めを求めるものであるが、そのほかに、民事訴訟法上の差止請求訴訟として、実体法上の根拠に基づいて、被告に対して不作為を請求する差止請求訴訟(商法12条2項、会社法360条、385条、特許法100条など)と、個人の生命・健康などの侵害防止のための人格権や環境権に基づいて、被告に対して不作為を請求する差止請求訴訟がある(最判昭和56・12・16民集35巻10号1369頁、名古屋高判昭和60・4・12判時1150号30頁)。

　民事訴訟法上の差止請求権は、行政庁の処分・裁決の差止めを求めるものではなく、被告に対して一定の不作為を求めるものであるから、訴訟要件として処分性が問題となることはない。差止めの根拠となる実体法上の要件や人格権・環境権侵害の事実の有無、訴えの利益、原告適格など民事法、民事訴訟法の要件の有無が問題になる。

第2章

墓地・風俗営業等の
経営許可・営業許可の処分

I 墓地等の経営許可をめぐる争訟

1 規制内容

　墓地、埋葬等に関する法律（以下、「墓埋法」という）は、墓地、納骨堂または火葬場を経営しようとする者は、都道府県知事の許可を受けなければならない旨を定めている（同法10条1項）。

　もっとも、墓埋法には、許可要件についての定めはなく、この点は都道府県知事の広範な裁量に委ねられている。これは、墓地等の経営が、高度の公共性を有するとともに、国民の風俗習慣、宗教活動、各地方の地理的条件等に依存する面を有し、一律的な基準による規制になじみがたいためであると考えられている。

　このような墓埋法の規定を前提として、各都道府県ごとに、墓地等の設置場所・構造に関する基準（実体要件）や許可手続（手続要件）が、条例や規則によって定められている。

　そして、厚生労働省は、墓地等の経営許可については都道府県知事の広範な行政裁量権に委ねられていることを前提としつつ、都道府県知事等に対して「墓地経営・管理の指針等について」（平成12年12月6日生衛発第1764号）を通知し、その中で、墓地経営の許可に関する指針を示している。その内容を抜粋すると、以下のとおりである。

墓地経営の許可に関する指針（抜粋）
○基本的事項
　・墓地経営者には、利用者を尊重した高い倫理性が求められること
　・経営・管理を行う組織・責任体制が明確にされていること
　・計画段階で許可権者との協議を開始すること

1　市または特別区においては、市長または区長に権限が委譲されている（墓埋法2条5項）。

・許可を受けてから募集を開始すること
○墓地経営主体
　・墓地経営主体は、市町村長等の地方公共団体が原則であり、これによりがたい事情があっても宗教法人または公益法人等に限られること
　・いわゆる「名義貸し」が行われていないこと
　・墓地経営主体が宗教法人または公益法人である場合には、墓地経営が可能な規則、寄付行為となっていること
　・経営許可申請者が墓地経営を行うことを意思決定したことを証する書類が存すること
○墓地の設置場所および構造設備
　・墓地の設置場所について、周辺の生活環境との調和に配慮されていること
　・墓地の構造設備について、一定以上の水準を満たしていること

　このような指針を参考に、各都道府県の条例や規則によって、墓地等の経営許可についての基準が定められている。
　たとえば、東京都は、「墓地等の構造設備及び管理の基準等に関する条例」によって、墓地等の経営主体や、墓地の設置場所・構造設備について、以下のような規制をしている。

第3条　（墓地等の経営主体）
　墓地等を経営しようとする者は、次の各号のいずれかに該当する者でなければならない。ただし、特別の理由がある場合であって、知事が、公衆衛生その他公共の福祉の見地から支障がないと認めるときは、この限りでない。
　一　地方公共団体
　二　宗教法人法第4条第2項の法人で、同法第5条第1項の主たる事務所又は同法第59条第1項の従たる事務所を、都内又はその経営しようとする墓地等の存する都内の町村の区域に隣接する都外の市町村の区域内に有するもの
　三　墓地等の経営を行うことを目的とする公益社団法人又は公益財団法人
第6条　（墓地の設置場所）

墓地の設置場所は、次に定めるところによらなければならない。
一　当該墓地を経営しようとする者が、原則として、所有する土地であること（地方公共団体が経営しようとする場合を除く。）。
二　河川、海又は湖沼から墓地までの距離は、おおむね20メートル以上であること。
三　住宅、学校、保育所、病院、事務所、店舗等及びこれらの敷地から墓地までの距離は、おおむね100メートル以上であること。
四　高燥で、かつ、飲料水を汚染するおそれのない土地であること。
2　専ら焼骨のみを埋蔵する墓地であって、知事が、公衆衛生その他公共の福祉の見地から支障がないと認めるものについては、前項第2号及び第3号の規定は、適用しない。

第7条　（墓地の構造設備基準）
墓地の構造設備は、次に掲げる基準に適合しなければならない。
一　境界には、障壁又は密植した低木の垣根を設けること。
二　アスファルト、コンクリート、石等堅固な材料で築造され、その幅員が1メートル以上である通路を設けること。
三　雨水又は汚水が滞留しないように適当な排水路を設け、下水道又は河川等に適切に排水すること。
四　ごみ集積設備、給水設備、便所、管理事務所及び駐車場を設けること。ただし、これらの施設の全部又は一部について、当該墓地を経営しようとする者が、当該墓地の近隣の場所に墓地の利用者が使用できる施設を所有する場合において、知事が、公衆衛生その他公共の福祉の見地から支障がないと認めるときは、当該施設に関しては、この限りでない。
五　墓地の区域内に規則で定める基準に従い緑地を設けること。ただし、知事が、公衆衛生その他公共の福祉の見地から支障がないと認める場合は、この限りでない。
2　（略）

Ⅰ　墓地等の経営許可をめぐる争訟

2　争訟手段と争点

(1)　原告適格

　墓地の経営許可申請に対して知事が不許可決定をした場合に、許可申請者が、その不許可決定処分につき取消訴訟（行訴3条2項）を提起できることについては、特に問題がない。

　これに対して、知事がした墓地経営許可処分について、当該墓地の周辺住民等が取消訴訟を提起することが考えられるが、この場合は、原告適格の問題が立ちはだかる。

　墓地周辺住民の原告適格ついては、最判平成12・3・17判時1708号62頁がこれを否定している。この判例は、墓埋法10条1項自体が墓地周辺住民個々人の個別的利益の保護を目的としているものとは解しがたいとしたうえで、条例の規定が個別的利益を保護しようとする趣旨を含むものと解しうるかについてさらに検討を加え、結論としてこれを否定している。

　これに対しては、特に平成16年の行政事件訴訟法改正以降、同法9条2項が「法令の規定の文言のみによることなく」実質的な検討を要求していることを踏まえ、上記判例は見直されるべきとの指摘が多くされている。[2]

　このような状況下で、福岡高判平成20・5・27裁判所ウェブサイトは、「墓地や火葬場といった施設は、一般には付近に設置されることが歓迎されない施設（いわゆる嫌忌施設）であることは明らかであり、これが自らの居住する住宅の周辺に設置されるということになれば、相応の精神的苦痛を受

---

[2]　たとえば、福井秀夫ほか『新行政事件訴訟法——逐条解説とQ&A』314頁以下では、「墓地や火葬場については、居住地周辺に立地することに対して嫌悪感を持つ国民は多く、これらの施設の立地によって周辺の土地等の取引価格が下落することが多いことも広く知られた事実です」などとして、「墓地や火葬場が至近距離に設置されることによって害されることとなる利益の内容・性質、態様・程度を勘案した場合には、墓地の設置形態や、近隣住民の居住形態、相互の距離、景観上墓地が視界にはいるか否か、などといった具体的な状況いかんによって、これら改正法の考慮事項に基づいて、原告適格が認められる場合が十分にあり得ると考えられます」と結論づけられている。

け、さらには、その設置によって、周辺の地価が下落するというような事態もまま見受けられるところである」という事実認識を前提に、「法（筆者注：墓埋法）や規則（筆者注：県墓地等の経営の許可等に関する規則）は、第一次的には、……社会公共の利益を保護するものと解されるが、併せて、<u>嫌忌施設であるがゆえに生ずる精神的苦痛等から免れるべき利益</u>を個別的利益として保護するものと解するのが相当である。このことは、規則3条1号において、具体的に住宅等が列挙されていることにも根拠を見出すことができる」（下線筆者。以下同じ）として、周辺住民にも原告適格が認められうることを肯定した（ただし、結論としては、原告主張の被侵害利益はいずれも認めることはできないとして、原告適格を否定した）。

これに対して、東京地判平成22・4・16判時2079号25頁は、「墓埋法10条1項は、第一次的には公益的見地からの規制を予定しているものの、それとともに<u>周辺住民等の健康又は生活環境に係る著しい被害を受けないという利益</u>を個々人の個別的利益としても保護すべきものとする趣旨を有すると解するのが相当である」として、原告適格を肯定した。一方、この裁判例では、「周辺住民等の墓地に対する嫌悪感若しくは嫌悪感から生じる精神的苦痛、又は墓地周辺の地価の下落、賃借人の流出等の財産的被害」については、「墓埋法及び本件条例が個々人の個別的利益としても保護すべきものとする趣旨を含むと解することはできない」としている。

以上のとおり、墓地周辺住民の原告適格ついては、前掲最判平成12・3・17を見直し、結論として原告適格を肯定すべきという見解が主流になりつつあるといえる。ただし、その前提として、墓埋法や条例等が個々人のいかなる個別的利益を保護する趣旨と解するかについては、いまだ見解の一致をみていない状況にある。

(2) 本案の争点

㋐ 不許可処分の取消訴訟

墓地の経営許可申請に対する不許可処分の取消訴訟においては、形式的に

みれば条例等が定める要件を充足していない場合であっても、申請を不許可とすることが墓埋法等の趣旨に反し裁量権の逸脱があるものとして違法とされる余地があることに注意しなければならない。

水戸地判平成14・12・27裁判所ウェブサイトは、経営主体が公益法人・宗教法人等であることを要求する市規則がある事案において、「公益法人、宗教法人以外の団体であっても、当該団体の目的の公益性、財政的基礎の確実性、永続性、組織における責任体制の明確性、墓地の造成、管理、運営に関する適正な規律や資金計画の確実性等が認められ、これらの点で公益法人、宗教法人に比べて遜色がないと認められる場合も考えられないではない。したがって、上記各点について実質的に審査することなく、申請に係る墓地等の経営主体が、単に公益法人や宗教法人でないという一事をもって申請を不許可とすることは、実質的に利用者保護を図ろうとしている法及び前記各通知の趣旨に反し、被告に与えられた裁量権を逸脱するものとして違法である」として、取消請求を認容している。

(イ) 許可処分の取消訴訟

墓地の経営許可についての取消訴訟においては、条例等が定める手続要件・実体要件が充足されていないことを違法事由として主張することができる。

また、前記東京都「墓地等の構造設備及び管理の基準等に関する条例」6条2項のように、「知事が、公衆衛生その他公共の福祉の見地から支障がないと認めるもの」について、要件を充足しなくても許可することができる旨が定められている場合において、「公共の福祉の見地から支障がない」とした知事の判断が著しく合理性・妥当性を欠き裁量権の逸脱・濫用があることを理由とすることもできる（前掲東京地判平成22・4・16参照）。

このほか、条例等が定める要件を充足している場合であっても、実質的にみて当該許可処分は墓埋法の趣旨に反すると主張することも考えられる。この点、さいたま地判平成17・6・22裁判所ウェブサイトは、墓埋法10条1項

の許可の要件は、同法19条の取消しの場合と同様に、「墓地の永続性及び健全な経営の確保、利用者の利益の保護、周辺の生活環境及び地理的条件との調和等を総合的な観点から、国民の宗教的感情に適合し、かつ公衆衛生その他の公共の福祉に適合するかどうかを判断すべき」であると判示している（結論としては、当該事案の具体的状況を考察したうえで、墓埋法の許可要件に反するところはないとした）。

【書式1】　訴状（墓地経営許可処分取消請求事件）

訴　　　状

平成〇〇年〇月〇日

東京地方裁判所民事部　御中

原告訴訟代理人　弁護士　　甲　川　太　郎

〒〇〇〇-〇〇〇〇　東京都△△区〇〇一丁目5番10号
　　　　　　　　　原　　　　告　　〇　〇　〇　〇
〒〇〇〇-〇〇〇〇　東京都〇〇区〇〇三丁目2番1号
　　　　　　　　　〇〇法律事務所（送達場所）
　　　　　　　　　電　話　(03) 〇〇〇〇-〇〇〇〇
　　　　　　　　　ＦＡＸ　(03) 〇〇〇〇-〇〇〇〇
　　　　　　　　　原告訴訟代理人弁護士　　甲　川　太　郎
〒169-0075　東京都△△区〇〇一丁目1番1号
　　　　　　　　　被　　　　告　　△　△　区
　　　　　　　　　代表者兼処分行政庁　△△区長〇〇〇〇

墓地経営許可処分取消請求事件
　訴訟物の価額　　　金160万円
　貼用印紙額　　　　金1万3000円
第1　請求の趣旨
1　△△区保健所長が，宗教法人A徳寺に対し，平成〇〇年〇月〇日付けで

した別紙物件目録記載の各土地における墓地経営許可処分を取り消す
2　訴訟費用は被告の負担とする
との判決を求める。

第2　請求の原因
　1　当事者
　原告は，別紙物件目録記載の土地（以下「本件土地」という。）から約80メートルの場所に住宅を有し，居住する者である（甲1・甲2）。なお，本件土地周辺は，都市計画法上の第一種低層住居専用地域である。
　A徳寺は，昭和○○年○月○日に設立された宗教法人法4条2項の宗教法人であり，東京都○○区……に主たる事務所を置き寺院を有するが，本件土地及びその周辺には寺院を有していない。
　墓地，埋葬等に関する法律（以下「墓埋法」という。）10条1項及び「墓地等の構造設備及び管理の基準等に関する条例」（昭和59年東京都条例第125号）4条1項の規定による墓地等の経営の許可に係る事務処理は，東京都においては，特別区における東京都の事務処理の特例に関する条例（平成11年東京都条例第106号）2条の表40ロにより，特別区が処理することとされているが，△△区においては，「△△区墓地等の構造設備及び管理の基準等に関する条例」（平成○○年△△区条例第○○号。以下「本件条例」という。甲3）4条1項により，墓地等を経営しようとする者は，規則で定める事項を記載した申請書を提出し，区長の許可を受けなければならないこととされている。
　2　本件処分
　A徳寺は，本件土地に250区画を有する墓地を建設して経営することを計画し（以下，この計画に係る墓地を「本件墓地」という。），平成○○年○月○日，○○から本件土地を購入した。
　そして，A徳寺は，△△区長に対し，平成○○年○月○日，本件墓地の経営の許可を申請し，これに対して△△区長は，A徳寺に対し，平成○○年○月○日付けで，本件墓地に係る墓地経営許可処分（以下「本件処分」という。）をした。
　3　原告適格
　(1)　墓埋法10条1項の趣旨
　墓埋法10条1項は，墓地等を経営しようとする者は，都道府県知事の許

41

可を受けなければならない旨規定するのみで，その許可の要件について特に規定していない。これは，墓地等の経営が，高度の公益性を有するとともに，国民の風俗習慣，宗教活動，各地方の地理的条件等に依存する面を有し，一律的な基準による規制になじみ難いことを考慮して，墓地等の経営に関する拒否の判断を，都道府県知事に委ねる趣旨に出たものであり，各地方の実情に応じた判断の基準を条例によって定めることを予定している。

そして，墓埋法10条1項の許可をする際に考慮すべき基準等を定める本件条例には，墓地等の周辺地域の飲料水の汚染等の衛生環境の悪化を防止することを目的とした規定があり（6条1項4号，7条1項3号等），また，隣接住民等に対して墓地経営許可に係る手続への関与を認めた規定もある（17条，18条）。

以上から，墓埋法10条1項は，周辺住民の健康又は生活環境に係る被害を受けないという利益を個々人の個別的利益として保護すべきものとする趣旨を有すると解される。

(2) 「法律上の利益を有する者」

墓埋法10条1項の前記趣旨に鑑みると，周辺住民のうち，違法な墓地経営に起因する墓地周辺の衛生環境の悪化により健康又は生活環境の著しい被害を直接に受けるおそれのある者は，墓地経営許可の処分の取消しを求める「法律上の利益を有する者」（行政事件訴訟法9条1項）として，その取消しの訴えにおける原告適格を有する。

そして，本件条例6条1項3号は，原則として住宅等から墓地までの距離はおおむね100メートル以上であることとしており，その範囲内の地域に居住する周辺住民については，上記のような被害が直接及びうることを想定していると考えられるところ，原告は，本件墓地から約80メートルの場所に住宅を有し，居住する者であるから，本件処分の取消しを求める「法律上の利益を有する者」に当たる。

4 本件処分の違法性

(1) 手続違反

本件条例18条1項は，隣接住民等から「公衆衛生その他公共の福祉の観点から考慮すべき意見」等の申出があった場合において，正当な理由があると認めたときは，当該墓地等に係る申請予定者に対し，隣接住民等との

協議を行うよう指導することができることとしているところ、本件において、Ａ徳寺は、同条項に基づき、△△区長から事前協議の指導を受けた。

しかるに、Ａ徳寺は、平成○年○月○日に、原告を含む周辺住民を集めたものの、本件墓地の概要を一方的に15分程度で説明しただけで集会を終了させたものであり、「協議」を行ったとは到底言えないものであったにもかかわらず、Ａ徳寺が「協議を行った」旨の報告を行った。本件処分は、当該報告を漫然と受け入れてなされたものであり、違法である。

(2) 距離制限違反

前記のとおり、本件条例6条1項3号は、住宅等から墓地までの距離はおおむね100メートル以上であることとしている。

しかるに、本件墓地は、原告の住居から80メートルの場所に位置するほか、多数の住居に隣接しており、本件条例に違反する。

なお、本件条例6条2項は、「専ら焼骨のみを埋蔵する墓地であって、区長が公衆衛生その他公共の福祉の見地から支障がないと認めたもの」については、上記距離制限規定が適用されないものとしているが、本件においては、下記(3)及び(4)に照らしても、「公共の福祉の見地から支障がない」とは到底いえない。

(3) 境界の構造設備違反

本件条例7条1項1号は、墓地の構造設備について、「境界には、障壁又は密植した低木の垣根を設けること」との基準を置いている。

しかるに、本件墓地の境界には垣根が設けられているが密植しているとはいえず、墓地の敷地外から墓地内が丸見えとなっており（甲4の1）、本件条例に違反する。

(4) 排水路の構造設備違反

本件条例7条1項3号は、墓地の構造設備について、「水又は汚水が滞留しないように適当な排水路を設け、下水道又は河川等に適切に排水すること」との基準を置いている。

しかるに、本件墓地では、本年○月○日の雨の際に、雨水が適切に排水されないまま数日間にわたり滞留したものであり（甲4の2）、本件条例に違反する。

5　まとめ

よって、原告は、本件処分の取消しを求め、本訴に及ぶ次第である。

第2章 墓地・風俗営業等の経営許可・営業許可の処分

証 拠 方 法

甲第1号証	住民票
甲第2号証	地図
甲第3号証	「△△区墓地等の構造設備及び管理の基準等に関する条例」（平成○○年△△区条例第○○号）
甲第4号証	写真

附 属 書 類

1	訴状副本	1通
2	甲号証の写し	各2通
3	証拠説明書	2通
4	訴訟委任状	1通

Ⅱ　風俗営業施設の設置をめぐる争訟

1　規制内容

(1)　風営法に基づく規制

　風俗営業等の規制及び業務の適正化等に関する法律（以下、「風営法」という）は、「善良の風俗と清浄な風俗環境を保持し、及び少年の健全な育成に障害を及ぼす行為を防止するため、風俗営業及び性風俗関連特殊営業等について、営業時間、営業区域等を制限し、及び年少者をこれらの営業所に立ち入らせること等を規制するとともに、風俗営業の健全化に資するため、その業務の適正化を促進する等の措置を講ずること」を目的としている（同法1条）。

　規制の対象となるのは、「風俗営業」、「性風俗関連特殊営業」等である。「風俗営業」の意義については風営法2条1項が定めており、ナイトクラブ、キャバレー、ホストクラブ、パチンコ店、パチスロ店、ゲームセンター

等がここに含まれる。「風俗営業」については、許可制が採用されている（風営法3条1項）。

一方、「性風俗関連特殊営業」の意義については風営法2条5項が定めており、たとえばラブホテルは「性風俗関連特殊営業」のうち店舗型性風俗特殊営業の1つである（風営法2条6項4号）。「性風俗関連特殊営業」については、届出制が採用されている[3]（同法27条1項等）。

上述のとおり、「風俗営業」については許可制が採用されており、これを営もうとする者は、風俗営業の種別に応じて、営業所ごとに、当該営業所の所在地を管轄する都道府県公安委員会の許可を受けなければならない（風営法3条1項）。

そして、公安委員会は、許可を受けようとする者が風営法4条1項・2項の各号のいずれかに該当するときは許可をしてはならないこととされており、同条1項が人的な規制を、同条2項が物的な規制をそれぞれ定めている。

このうち、風営法4条2項2号は「営業所が、良好な風俗環境を保全するため特にその設置を制限する必要があるものとして政令で定める基準に従い都道府県の条例で定める地域内にあるとき」を掲げており、ここでいう「政令」として委任を受けた風営法施行令6条が、風俗営業所の設置禁止区域を次のとおり定めている。

風営法施行令第6条
　法第4条第2項第2号の政令で定める基準は、次のとおりとする。
　一　風俗営業の営業所の設置を制限する地域（以下「制限地域」という。）

---

[3] 一般的には、届出制は許可制よりも規制の強度が低いといわれることが多いが、風営法が「性風俗関連特殊営業」について届出制を採用しているのは、「風俗営業」と比べ規制を緩和する趣旨ではない。この点、藤山信『注解風営法Ⅰ』29頁では、「性風俗関連特殊営業」に許可制が採用されていない趣旨について、「許可制を採るということは、一定の水準を設け、推奨するべき方向性を指向すること」であり、「『性』に関するサーヴィスがこのような許可制になじまないことは……明白である」との説明がされている。実際のところ、風営法は、「性風俗関連特殊営業」について、営業禁止区域、広告制限区域、禁止行為等、広範かつ詳細な規制をしている。

の指定は、次に掲げる地域内の地域について行うこと。
　イ　住居が多数集合しており、住居以外の用途に供される土地が少ない地域（以下「住居集合地域」という。）
　ロ　その他の地域のうち、学校その他の施設で学生等のその利用者の構成その他のその特性にかんがみ特にその周辺における良好な風俗環境を保全する必要がある施設として都道府県の条例で定めるものの周辺の地域
二　前号ロに掲げる地域内の地域につき制限地域の指定を行う場合には、当該施設の敷地（これらの用に供するものと決定した土地を含む。）の周囲おおむね百メートルの区域を限度とし、その区域内の地域につき指定を行うこと。
三　前二号の規定による制限地域の指定は、風俗営業の種類及び営業の態様、地域の特性、第一号ロに規定する施設の特性、既設の風俗営業の営業所の数その他の事情に応じて、良好な風俗環境を保全するため必要な最小限度のものであること。

　風営法施行令6条1号ロは「特にその周辺における良好な風俗環境を保全する必要がある施設」を都道府県の条例で定めることとしていることから、各都道府県の条例では、たとえば「学校、図書館、児童福祉施設、病院及び診療所」といった指定がされ、同条2号を受けて、これら施設の「敷地の周囲100メートル以内の地域」が設置禁止区域とされることになる。
　また、風営法施行令6条1号イの住居集合地域についても、条例において「第一種低層住居専用地域、第二種低層住居専用地域……」というように具体的な定めがおかれるのが通例である。

(2) 条例による独自の規制

　パチンコ店、ラブホテル等については、しばしば、市町村によって「〇〇市遊技場等及びラブホテル等の建築等の規制に関する条例」といった名称の条例が制定され、風営法（およびその委任を受けた都道府県条例）よりも厳しい独自の規制がされることがある。

たとえば、①パチンコ店等について風営法6条1号イの「住居集合地域」にあたらない地域も規制地域としたり、同法2条6項4号および同法施行令3条に定義される施設（風営法で規制される「ラブホテル」）に該当しないホテルについても規制対象とするなどしたうえで、②それら施設の建設には市町村長の同意を要することとし、③同意を得ないで建築しようとする者に対しては市町村長が建築中止や原状回復を命ずることができる、といった規制がされる例がみられる。

2 訴訟上の争点

(1) 原告適格

風俗営業の許可申請に対して都道府県公安委員会が不許可決定をした場合に、許可申請者が、その不許可決定処分につき取消訴訟（行訴3条2項）を提起できることについては、特に問題がない。

また、市町村の独自規制に基づく建築中止命令や原状回復命令について、パチンコ店やホテルを建設しようとする者が、当該命令の差止訴訟（行訴3条7項）や取消訴訟の原告適格を有することについても、特に問題はない。

これに対して、都道府県公安委員会がしたパチンコ店等に対する営業許可処分について、周辺住民等が差止訴訟や取消訴訟を提起しようとする場合には、原告適格の問題が立ちはだかる。

(ア) 特定施設の設置者

最判平成6・9・27判時1518号10頁は、風営法施行令6条2号について、「同号所定の診療所等の施設につき善良で静穏な環境の下で円滑に業務を運営するという利益をも保護している」とし、「一般に、当該施設の設置者は、

---

4 差止訴訟を提起するとともに、仮の差止めの申立て（行訴37条の5第2項）をすることができる。パチンコ店の営業許可処分についての仮の差止めの申立てが「処分……がされることにより生ずる償うことのできない損害を避けるため緊急の必要」がないとして却下された裁判例として、大阪地決平成18・8・10判タ1224号236頁がある。

同号所定の風俗営業制限地域内に風俗営業が許可された場合には、右の利益を侵害されたことを理由として右許可処分の取消しを求める訴えを提起するにつき原告適格を有する」と判示した。

(イ) 周辺住民

一方、最判平成10・12・17民集52巻9号1821頁は、風営法施行令の「6条1号ロ及び2号は、特にその周辺における良好な風俗環境を保全する必要がある特定の施設に着目して、当該施設の周囲おおむね100メートルの区域内の地域を風俗営業の制限地域とすべきことを基準として定めている。この規定は、当該特定の施設の設置者の有する個別的利益を特に保護しようとするものと解される」としつつ、「これに対し、施行令6条1号イの規定は、『住居が多数集合しており、住居以外の用途に供される土地が少ない地域』を風俗営業の制限地域とすべきことを基準として定めており、一定の広がりのある地域の良好な風俗環境を一般的に保護しようとしていることが明らかであって、同号ロのように特定の個別的利益の保護を図ることをうかがわせる文言は見当たらない」としたうえで、「施行令6条1号イの規定は、専ら公益保護の観点から基準を定めていると解するのが相当である」として、問題となったパチンコ店から100メートル以内に居住する者の原告適格を否定した。

以上2つの判例で示された最高裁判所の考え方を整理すると、〈表1〉のとおりとなる。

〈表1〉 最高裁判例からみた原告適格の考え方

根拠条文 （施行令）	規制地域	問題となった者	原告適格	判例
6条1号イ	住居集合地域	地域内に居住する周辺住民	なし	最判平成10・12・17
6条1号ロ・2号	特定施設の周辺地域	当該施設の設置者	あり	最判平成6・9・27

(ウ) 最近の流れ

　このような判例の考え方に対しては、風営法施行令6条1号イとロの文言の違いに重きをおきすぎた機械的・形式的な解釈であり不当である等の批判があり、特に、平成16年改正行政事件訴訟法で新設された9条2項に「根拠となる法令の規定の文言のみによることなく」との点が明記されたことを踏まえれば、地域内居住者の原告適格も、改正法の下では端的に認められるべき、といった指摘がされていた。たとえば、墓地に関する最判平成12・3・17判時1708号62頁（本書37頁参照）と並び、パチンコ店に関する前掲最判平成10・12・17についても、「改正法の下では、原告適格を認める方向で見直しがされることが確実」な判例の1つとして紹介されている。[5]

　このような状況下で、大阪地判平成18・10・26判タ1226号82頁が、前掲最判平成10・12・17の判断手法に疑問を投げかけ、新たな基準を提唱しており、注目される。すなわち、前掲大阪地判は、風営法の規制内容やその趣旨について実質的な検討を行ったうえで、風営法施行令6条1号イは、「住居集合地域に居住する住民」のうち風俗営業施設から「おおむね100メートル以内」に居住する住民の個別的利益を保護する趣旨を含むと解することができるとした。

　さらに、大阪地判平成20・2・14判タ1265号67頁は、風俗営業所（パチンコ店）の営業所拡張変更承認処分（風営法9条1項）の取消訴訟について、当該処分に関する風営法の規定は「風俗営業者の営業に伴う騒音、振動等によって、営業所周辺地域に居住する住民の健康や生活環境に係る被害が発生することを防止することをもその趣旨及び目的としている」としたうえで、[6]「被害を直接的に受ける者」には原告適格が認められる旨を判示した（当該

5　高木光「救済拡充論の今後の課題」ジュリスト1277号15頁。これ以外には、福井ほか・前掲（注2）311頁。座談会「新行政事件訴訟法の解釈」判タ1147号19頁〔市村陽典発言〕等。

6　なお、前掲最判平成10・12・17の調査官解説（大橋寛明「判解」最判解民〔平成10年度〕997頁）でも「風俗営業者に対し騒音及び振動の規制をする規定に周辺住民の個別的利益の保護の趣旨が含まれている可能性は、否定し得ない」との指摘がされている。

パチンコ店から道路を挟んで9メートルのマンションに居住する原告らはこれに該当するとしており、どこまでの住民に原告適格が認められるべきかについての、具体的な距離基準は示していない)。

以上のとおり、近時は、特定施設の設置者だけでなく周辺住民にも原告適格が認められる流れになっているといえる。今後は、その先の問題として、どこまでの「周辺住民」に原告適格が認められるのか(「住居集合地域」の居住者すべてなのか、それとも当該風俗営業所から一定の距離の範囲に居住している者に限られるのか)、また周辺に所在する法人にも原告適格が認められるのか、といった点も問題となるものと考えられる。

(2) 本案の争点
(ア) 自己の法律上の利益に関係のない違法

風営法に基づく営業許可処分の取消しを求める者は、当該処分の違法事由を主張することになるが、ここで、行政事件訴訟法10条1項が「取消訴訟においては、自己の法律上の利益に関係のない違法を理由として取消しを求めることができない」と定めていることとの関係が問題となる。

前掲大阪地判平成20・2・14は、原告適格を認めつつも、行政事件訴訟法10条1項の「自己の法律上の利益に関しない違法」の意義については、「行政庁の処分に存する違法のうち、原告の権利利益を保護する趣旨で設けられたとはいえない法規に違背した違法をいう」という伝統的な解釈を採用したうえで、原告らの居住マンションが住居集合地域ではなく準工業地域にあることを理由に、(前述のとおり、原告らの居住マンションとパチンコ店とはわずか9メートルしか離れていないにもかかわらず)原告らによる違法事由の主張は許されないとした。

この点については、平成16年に改正された行政事件訴訟法9条2項の趣旨は、同法10条1項の解釈でも活かされるべきであるとして、主張制限緩和論が有力に唱えられている。[7]

裁判例でも、東京高判平成13・7・4判時1754号35頁〔東海第二原発訴訟

控訴審判決〕が、「一般的公益保護という観点から設けられた処分要件であっても、それが同時に当該処分の取消しを求める者の権利、利益の保護という観点とも関連する側面があるようなものについては、その処分要件の違背を当該処分の取消理由として主張することが妨げられるものではない」と判示している点が注目される。[8]

(イ) 不許可処分の取消訴訟と許可処分の義務付け訴訟

風俗営業の許可申請を行ったにもかかわらず不許可処分を受けた場合、当該不許可処分の取消訴訟を提起することが考えられる。

パチンコ業界では、新規出店計画があると、競合事業者がその出店を阻止するために、急遽近隣建物に簡易ベッドを持ち込んで「診療所」の開設届けを提出し、風営法施行令6条1号ロ・2号および都道府県条例に抵触させるといった妨害行為が行われる例がある。こうした妨害行為の結果、風俗営業の不許可処分を受けたような場合には、不許可処分の根拠となった施設は、都道府県条例が規定する「診療所」（通常、「医師法1条の5第2項に規定する診療所のうち患者の収容施設を有する診療所」といった定義がされている）に該当しないとして、不許可処分の取消訴訟を提起することができる。このような事例において、原告の主張を認めて不許可処分を取り消した裁判例として、京都地判平成14・1・25裁判所ウェブサイトがある。

さらに、不許可処分の取消訴訟と併合して、風俗営業の許可を義務付けることを求める義務付け訴訟（行訴37条の2、37条の3）を提起することも考えられる。

なお、最判平成19・3・20判時1968号124頁は、上記のようなパチンコ店の出店妨害事例において、妨害行為を行った競合業者に対する不法行為に基づく損害賠償請求を認めている。

7　宇賀克也『行政法概説Ⅱ〔第3版〕』239頁、塩野宏『行政法Ⅱ〔第5版補訂版〕』174頁等。
8　同様に主張制限を緩和している裁判例として、産業廃棄物処理施設の設置許可処分の取消訴訟に関する千葉地判平成19・8・21判時2004号62頁がある。

(ウ) 条例制定権の限界

　地方自治体は、法律による個別的委任がなくても条例を制定することができるが、法令に違反する条例は違法・無効である（憲法94条、地方自治法14条1項）。

　前述のとおり、風俗営業等に関しては、市町村が条例により独自の規制をしていることがある。したがって、当該規制に基づき建築中止命令や原状回復命令を受けた者としては、当該条例は条例制定権の限界を超え、風営法・同法施行令および都道府県条例に違反して無効であるとして、取消訴訟を提起することが考えられる。

　条例制定権の限界については、最大判昭和50・9・10刑集29巻8号489頁〔徳島市公安条例事件〕がリーディングケースであり、この判例が示した基準に即して主張を展開していくこととなる。ポイントは、「風営法は、条例により地方の実情に応じて別段の規制を施すことを容認する趣旨を含んでいるか否か」という点である。

　この点について、神戸地判平成9・4・28判時1613号36頁および大阪高判平成10・6・2判時1668号37頁（最判平成14・7・9民集56巻6号1134頁・行政判例百選Ⅰ〔第6版〕112事件〔宝塚パチンコ店建築中止命令事件〕の第1審、第2審判決）は、風営法の昭和59年（1984年）改正の趣旨について、全国的に区々となっていた風俗営業に対する規制を改め、全国的に一律に施行されるべき最高限度の規制を定めたものであるとの理解を示し、宝塚市が独自の規制をするべく制定した条例を無効と判断しており、参考となる。[9]

---

[9] 同じ事例についての損害賠償請求事件に関する神戸地判平成17・3・25裁判所ウェブサイトも、同様の判断を示している。

【書式2】 訴状(風俗営業許可処分取消請求事件)

訴　　　　状

平成○○年○月○日

△△地方裁判所民事部　御中

　　　　　　　　　原告訴訟代理人弁護士　　甲　川　太　郎

　　〒○○○-○○○○　△△県○○市二丁目5番13号
　　　　　　　　原　　　　　告　　○　○　○　○
　　〒○○○-○○○○　△△県○○市○○三丁目2番1号
　　　　　　　　○○法律事務所(送達場所)
　　　　　　　　電　話　(○○)○○○○-○○○○
　　　　　　　　ＦＡＸ　(○○)○○○○-○○○○
　　　　　　　　原告訴訟代理人弁護士　　甲　川　太　郎
　　〒○○○-○○○○　△△県○○市一丁目1番1号
　　　　　　　　被　　　　　告　　△　△　県
　　　　　　　　同代表者兼処分行政庁　　△△県公安委員会
　　　　　　　　同委員会代表者委員長　　○　○　○　○

風俗営業許可処分取消請求事件
　　訴訟物の価額　　　金160万円
　　貼用印紙額　　　　金1万3000円
第1　請求の趣旨
1　△△県公安委員会が株式会社××に対して平成○○年○月○日付けでした△△県○○市二丁目5番10号所在の建物を営業所とするぱちんこ屋「パチンコ王国」の営業許可を取り消す
2　訴訟費用は被告の負担とする
との判決を求める。

第2　請求の原因

第2章　墓地・風俗営業等の経営許可・営業許可の処分

　1　本件処分
　株式会社××は，ぱちんこ店の経営を業とする株式会社である。同社は，自社が所有する土地に，平成〇〇年〇月，ぱちんこを行うための遊技場とするために同目録記載の建物（以下「本件建物」という。）を新築した上で，風俗営業等の規制及び業務の適正化等に関する法律（以下「風営法」という。）3条1項に基づき，△△県公安委員会に対して，本件建物を営業所とするぱちんこ屋「パチンコ王国」（以下「本件営業所」という。）の営業許可申請を行い，同委員会は，平成〇〇年〇月〇日付けで，これを許可する処分（以下「本件処分」という。）を行った。
　2　本件処分の違法性
　　(1)　法令及び△△県条例の規制
　　風営法は，風俗営業を営もうとする者に対し，営業所ごとに，当該営業所の所在地を管轄する都道府県公安委員会の営業許可を受けることを義務付けており（風営法3条1項），都道府県公安委員会は，当該営業所が，良好な風俗環境を保全するために特にその設置を制限する必要があるものとして政令で定める基準に従い都道府県の条例で定める地域内にあるときには，当該営業所につき風俗営業の許可をすることができないと定めている（風営法4条2項2号）。
　　そして，上記政令として定められた風俗営業等の規制及び業務の適正化等に関する法律施行令6条1号は，風俗営業者の営業所の設置を制限する地域（以下「営業制限地域」という。）を定める基準の一つとして，「イ　住居が多数集合しており，住居以外の用途に供される土地が少ない地域」と定めている。
　　これを受け，△△県では，風営法4条2項2号の条例として，△△県風俗営業等の規制及び業務の適正化等に関する法律施行条例（昭和〇〇年△△県条例第〇〇号。以下「△△県風営法施行条例」という。甲1）を定め，その2条1項1号本文において，「第1種低層住居専用地域，第2種低層住居専用地域，第1種中高層住居専用地域，第2種中高層住居専用地域，第1種住居地域，第2種住居地域及び準住居地域」を営業制限地域としている。
　　(2)　営業制限地域に存する本件駐車場と本件建物との一体性
　　本件建物それ自体は，都市計画法上の近隣商業地域に位置しており，営

業制限地域に存するものではない。

　しかしながら、株式会社××は、自らが所有する本件建物の隣接地に、「パチンコ王国」の従業員及び来店する顧客が自動車又は自転車を駐車（駐輪）するための駐車場（以下「本件駐車場」という。）を設置しており（甲2）、本件駐車場は、第1種住居地域に位置している。

　「パチンコ王国」の従業員及び顧客は、そのほとんどが、自動車又は自転車を使用して通勤・来店しており、駐車設備がなければ、「パチンコ王国」の営業は事実上不可能である。加えて、本件駐車場の管理・警備は「パチンコ王国」の従業員が行っており、また、「パチンコ王国」の「営業時間（○○時から○○時まで）及びその前後約1時間」以外の時間帯は本件駐車場が封鎖されている。

　これらの各事情に照らせば、本件駐車場は、本件建物と機能上不可分一体のものとして、本件建物とともに、本件営業所の一部を構成しているというべきである。

　そうである以上、本件営業所は、その一部が営業制限地域である第1種住居地域に存するものであるから、本件処分は違法である。

3　原告適格

原告は、本件建物から約80メートルの場所に自宅を有し、居住する者である（甲1・甲2）。原告の自宅も、本件営業所（本件駐車場）と同様に、第1種住居地域に存する。

　風営法施行令6条1号イは、住居が多数集合しており、住居以外の用途に供される土地が少ない地域（以下「住居集合地域」という。）を風俗営業の制限地域としており、これを受けて、△△県風営法施行条例2条1項1号は、都市計画法上の第1種低層住居専用地域、第2種低層住居専用地域、第1種中高層住居専用地域、第2種中高層住居専用地域、第1種住居地域、第2種住居地域及び準住居地域を風俗営業の制限地域と定めている。一方、風営法は、風営業者に対し午前0時から日出時までの営業を禁止し（13条）、営業所周辺における騒音、振動及び広告宣伝について規制を設ける（15,16条）ほか、条例による善良な風俗若しくは清浄な風俗環境を害する行為を防止するために必要な制限を課すことができるとする（21条）など、営業所周辺における善良で清浄な風俗環境を確保するための規制措置を具体的に講じている上、そのような規制では足りず、営業所の設置自体を禁止する必要がある

地域があることを認め，その設置基準を政令で定め，条例によりその基準に従って制限地域を設けることを定めている（4条2項）。そして同条を受けて制定された風営法施行令6条1号は，制限地域として，まず住居集合地域を挙げ，次に住居集合地域以外の地域のうち，学校等の周辺を制限地域と定めるという構造を採っており，同条は，住居集合地域における風俗環境保護を学校等の周辺におけるそれと少なくとも同列に扱っていると解される。また，風営法に違反した違法な営業許可に基づく営業がされた場合，これにより風俗環境の悪化の影響を受ける被害の程度は，営業所に接近するにつれて増大すると考えられ，この点において居住者と学校等の施設とは異ならない。さらに，前記のとおり，住居集合地域と特定施設周辺地域は，いずれも清浄な風俗環境を保全するために特にその設置を制限する必要があるものとして定められた地域であり，両者の制限地域の定め方の違いは，学校等については，当該施設から同心円を描くという方法が可能であるのに対し，住居については，そのような方法によって制限地域を適切に指定することができず，住居系の用途地域という一定の範囲を定める方法を選択したものとも解される。

　このような点に照らせば，風営法施行令6条1号の各規定について，これを，学校等の施設のみならず，住居集合地域に居住する住民に対しても，清浄な風俗環境の下で生活するという個別的利益を保護する趣旨の規定と解するべきである。

　そして，原告は，前述のとおり，本件建物から約80メートルの場所に居住しているのであるから，風営法施行令6条及び同条の基準に従って規定された本件条例2条1号によってその個別的な利益を保護される者に明らかに該当し，本訴の原告適格を有する。

　4　まとめ

　よって，原告は，本件処分の取消しを求め，本訴に及ぶ次第である。

証　拠　方　法

甲第1号証　　「△△県風俗営業等の規制及び業務の適正化等に関する法律施行条例」（昭和○○年△△県条例第○○号）
甲第2号証　　写真
甲第3号証　　住民票
甲第4号証　　地図

附　属　書　類

1　訴状副本　　　　　　1通
2　甲号証の写し　　　　各2通
3　証拠説明書　　　　　2通
4　訴訟委任状　　　　　1通

第3章

課税処分

第3章　課税処分

はじめに

　本章では、差止訴訟にとどまらずいわゆる税務訴訟にもふれており、実際に争訟を起こす際の手がかりとなるよう努めている。一方で、税務訴訟については、すでに多くの刊行物があることから適宜各文献を参照いただきたい。特に理論面については、金子宏『租税法〔第19版〕』をおすすめするものである。

I　税額の確定[1]

〔図1〕　税額の確定

自動確定：納税義務が成立すると同時に、特別の手続を必要とせずに、法規の定めに基づいて当然に確定する方式（税通15条3項）

申告納税方式：納付すべき税額が納税者の申告によって確定することを原則とし、申告がない場合または申告が不相当と認められる場合に限って、租税行政庁の更正または決定によって税額が確定する方式（税通16条1項1号）

賦課課税方式：納付すべき税額がもっぱら租税行政庁の処分によって確定する方式（税通16条1項2号）

1　自動確定の租税

　予定納税に係る所得税、源泉徴収等による国税、自動車重量税、印紙納付の印紙税、登録免許税等が自動確定の租税である。

　自動確定の租税については、税額の確定のために行政処分がされないから、納付すべき税額を超えて納付した税額について、納税者は、誤納金として、納付の時点から時効が完成するまで、その還付を求めることができる（最判昭和45・12・24民集24巻13号2243頁）。

1　金子宏『租税法〔第19版〕』770頁以下参照。

2 申告納税方式

　納税申告とは、申告納税の租税について、納税者が租税法規の定めるところに従って、納税申告書を租税行政庁に提出することをいう。

　納税申告は、私人の公法行為の一種であり、納付すべき税額を確定する効果をもつ（東京高判昭和40・9・30行集16巻9号1477頁）。

　申告納税の租税については、課税標準等または税額等は、第1次的には申告によって確定するが、租税行政庁も2次的にこれを確定する権限を与えられている。

　税務署長（または税関長）は、申告された課税標準等または税額等の計算が国税に関する法律の規定に従っていなかったとき、その他その課税標準等または税額等がその調査したところと異なるときは、その調査により、課税標準等または税額等を更正することができる（税通24条）。

　また、税務署長は、納税義務者が申告義務を怠った場合は、その調査により自ら課税標準等または税額等を決定することができる（税通25条）。

　更正および決定は、新たに納税義務を課す行為ではなく、課税要件の充足によってすでに成立している納税義務の内容を確定する行為である（確認行為）。

　申告がないにもかかわらず更正をなしたときは、その更正は前提を欠いて違法であるが、無効原因ではなく取消原因にとどまると解すべきであり、また、納税義務者はその違法を争う利益を有しないと解すべきであろう（無申告加算税の代わりに過少申告加算税が課されるから、かえって有利である（最判昭和40・2・5民集19巻1号106頁））。

3 賦課課税方式

　賦課課税方式の国税としては、現在、特殊な場合の関税、特殊な場合の消費税、各種加算税および過怠税があるにすぎない。これらは、いずれも、申

告納税方式を適用することが実際上困難であるため、賦課課税方式が用いられている。これに対し、地方税については、賦課課税方式（普通徴収）が原則的な方法として用いられている。

賦課課税方式の国税は、税務署長または税関長の決定によってその税額が確定する。

II 争訟手段と争点

1 租税不服申立て[2]

(1) 不服申立ての種類と対象

(ア) 異議申立て

処分行政庁に対する不服申立てであって（行審3条2項）、国税に関する処分に対しては、処分行政庁に対して異議申立てをすることが一般的に認められている。ただし、租税不服申立てに対する決定または裁決および国税犯則取締法に基づく処分に対しては、異議申立てをすることができない（同法76条）。

地方税に関する処分に対する不服申立てについては、特別の定めがない限り、行政不服審査法が適用される（地税19条）。したがって、都道府県知事または市町村長のなした処分に対しては、当該知事または市町村長に異議申立てをすることができる（行審6条1号）。

国税に関する異議申立ての中心は、税務署長に対するものである。

(イ) 審査請求

処分行政庁以外の行政庁に対する不服申立てを、審査請求という（行審3条2項）。

内国税に関する処分に対しては、国税不服審判所長への審査請求が一般に

---

2 金子・前掲（注1）914頁以下。

認められている。ただし、数の上で大部分を占める税務署長および税関長の処分については、異議申立前置主義がとられており、原則として、異議申立ておよび異議決定を経た後でなければ審査請求をすることができない（税通75条3項。平成26年度改正で、異議申立前置主義は廃止され、直接、審査請求することができる。改正行政不服審査法の施行の日から適用）。また、異議申立ての場合と同じく、租税不服申立てに対する決定または裁決および国税犯則取締法に基づく処分に対しては、審査請求をすることができない（同法76条）。

地方税については、処分が、地方団体の長ではなく、税務事務所長等の出先機関によってされた場合に、長に対して審査請求をすることができる（地税19条、行審6条1項。税務事務所長等に異議申立てをすることはできない）。

(2) 不服申立人等

不服申立てをすることができるのは、租税行政処分によって権利または利益を侵害された者である。処分の相手方のみでなく、第三者も、処分によって権利・利益を侵害された場合は、不服申立てをすることができる。

(3) 不服申立期間

不服申立ては、処分のあったことを知った日の翌日から起算して2月以内にしなければならない（税通77条1項、関税89条2項。平成26年度改正で不服申立期間が3月以内に延長される。改正行政不服審査法の施行日から適用）。ただし、異議申立てを経た後の二審的審査請求は、異議決定書の謄本の送達のあった日の翌日から起算して1月以内にしなければならない（税通77条2項、関税90条）。不服申立ては、正当な理由がある場合を除き、処分があった日の翌日から起算して1年を経過したときは、することができない（税通77条4項、行審14条3項、48条）。

(4) 不服申立ての教示

行政不服審査法は、一般的な教示制度を採用している（行審57条）が、それは、租税処分にも適用される（税通80条1項）。したがって、租税行政庁は、不服申立てのできる処分を書面でする場合には、処分の相手方に対して、不

服申立てをすることができること、不服申立てをすべき行政庁、および不服申立てをなしうる期間を教示しなければならない（行審57条1項）。

(5) 不服申立てと処分の執行

不服申立ては、その目的となった処分の効力、その執行または手続の続行を妨げない（税通105条1項本文、行審34条1項、地税19条の7第1項本文。執行停止の原則）。ただし、差押財産の換価は、滞納者その他の利害関係人の利益を甚だしく害することがあるため、原則として、不服申立てについての決定または裁決があるまではすることができない（税通105条1項ただし書、地税19条の7第1項ただし書）。なお、不服申立てがあった場合において、必要があると認められるときは、徴収猶予または滞納処分の続行の停止をすることができる（税通105条2項・4項）。

(6) 書　式

異議申立手続については、国税庁のホームページに異議申立書の様式、記載例等が掲載されている。[3]

審査請求の申立手続については、国税不服審判所のホームページに申立書の様式、書き方等が掲載されている。[4]

審査請求書等は、国税電子申告・納税システム（e-Tax）を利用して提出することもできる。[5]

2 租税訴訟

(1) 訴訟類型

租税訴訟には、次の8つの類型がある。

① 取消訴訟：租税行政処分が違法であることを理由として、その取消し

---

[3] http://www.nta.go.jp/tetsuzuki/shinsei/annai/igi/mokuji.htm
[4] http://www.kfs.go.jp/system/write.html
[5] 詳細は、国税電子申告・納税システム（e-Tax）ホームページ〈http://www.e-tax.nta.go.jp/〉を参照いただきたい。

を求める訴訟であり（行訴3条2項、8条以下）、租税訴訟の大部分は、これである。
② 無効確認訴訟（行訴3条4項、36条）
③ 争点訴訟：租税行政処分が無効であることを理由として私法上の請求をする訴訟（行訴45条）、たとえば、滞納処分が無効であったことを理由として公売財産の買受人に公売財産の返還を求める訴訟
④ 不作為の違法確認訴訟（行訴3条5項、37条）
⑤ 義務付けの訴え（行訴3条6項、37条の2、37条の3）
⑥ 差止めの訴え：租税行政庁が一定の処分または裁決をすべきではないにもかかわらず、これがされようとしている場合に、行政庁がその処分または裁決をしてはならない旨を命ずることを求める訴訟（行訴3条7項、37条の4）
⑦ 過誤納金還付請求訴訟：公法上の当事者訴訟（行訴4条）の一種である。誤納金の還付請求は当然可能だが、過納金の還付を求めるには、まずその基礎になっている租税確定処分の取消しを求めなければならない。
⑧ 国家賠償請求訴訟

(2) 訴訟要件

租税行政処分の取消しを求める訴訟を提起するためには、取消訴訟一般が満たすべき訴訟要件を満たさなければならないが、原告適格（行訴9条）および狭義の訴えの利益（同法10条）が論じられることはほとんどない。

㋐ 不服申立前置主義

異議申立てのできる処分については異議決定を、審査請求のできる処分については審査裁決を、それぞれ経た後でなければ、出訴できない（税通115条1項本文）。したがって、税務署長の処分に対しては、原則として、異議決定と審査裁決の2段階の不服申立てが強制されている[6]。ただし、前記のと

---

[6] 金子・前掲（注1）933頁。

おり平成26年度改正で、審査請求のみの前置強制に改められる。

　不服申立前置主義の例外として、次の場合には、決定または裁決を経ることなく、直ちに裁判所に出訴することができる。

　①　異議申立て（国税庁長官にされたものに限る）または審査請求がされた日の翌日から起算して3月を経過しても決定または裁決がないとき（税通115条1項1号）

　②　更正決定等の取消しを求める訴えを提起した者が、その訴訟の係属している間に、その更正決定等に係る国税の課税標準等または税額等についてされた他の更正決定等の取消しを求めようとするとき（同2号）

　　　更正の取消しを求める訴訟の係属中に再更正がなされた場合がその例である。

　③　異議決定または審査裁決を経ることにより生ずる著しい損害を避けるため緊急の必要があるとき、その他その決定または裁決を経ないことにつき正当な理由があるとき（同3号）

　　　不服申立てを経ることにより生ずる「著しい損害を避けるため緊急の必要があるとき」とは、たとえば差押不動産の公売手続がすでに開始されている場合などがあげられる。また、不服申立てを経ないことにつき「正当な理由があるとき」とは、加算税の賦課決定の取消しを求める場合において、本税である源泉徴収所得税の徴収処分につきすでに不服申立てを経ている場合（東京地判昭和33・7・3行集9巻7号1350頁）、または本税の更正処分につきすでに不服申立てを経ている場合（東京地判昭和50・1・31行集26巻1号108頁）など、2つの処分に相互に密接な関連性があり、かつその実体的要件が実質的に共通であるため、不服申立前置を要求する必要性と合理性が乏しいと考えられる場合である。

　異議決定および審査の裁決については、不服申立てが認められていない（税通76条1号）から、直ちに出訴することができる。

(イ) **出訴期間**

取消訴訟の出訴期間は、処分または裁決のあったことを知った日から6月であり（行訴14条1項）、処分または裁決のあった日から1年を経過したときは提起することはできない（同条2項）。ただし、正当な理由があるときは、この限りではない（同条1項ただし書・2項ただし書）。

不服申立てについての決定・裁決を経て出訴する場合は、出訴期間は、決定・裁決を知った日から6月である（行訴14条4項）。確定処分に関する税務署長の異議決定の取消しを求める訴えの出訴期間は、当該処分に対する審査請求について裁決があった場合においても、異議決定のあったことを知った日または異議決定の日から起算すべきである（最判昭和51・5・6民集30巻4号541頁）。

督促、不動産等の差押え、不動産等の公売処分および換価代金等の配当に対して、国税通則法115条1項3号に基づき直接に裁判所に出訴する場合については、滞納処分手続の安定のため、特別に短い出訴期間が定められている（税徴171条2項、地税19条の13）。

(ウ) **訴えの利益**

(A) **手続的違法と訴えの利益**

内容的に適法であっても、手続的違法は租税行政処分の独立の取消原因となる。

したがって、理由付記の違法がある場合は、原則として、処分は取り消される。

また、処分の取消しと裁決の取消しを同時に求めた場合において、原処分の取消請求を棄却する場合であっても、裁決に理由付記その他の手続的違法がある場合は、裁決の取消しを求める利益はなおも存在すると考えるべきである。

原処分について異議申立てと審査請求がなされた場合において、後者について適法な理由付記のある裁決がなされても、前者に十分な理由が付記され

ていない場合に、理由付記の違法を理由として異議決定の取消しを求める利益は失われない、と解すべきである（最判昭和49・7・19民集28巻5号759頁。反対、最判昭和44・3・27金商158号11頁）。

(B) **更正・決定の取消訴訟と再更正**

更正・決定の取消しを求める訴えの係属中に再更正が行われた場合に、更正・決定の取消しを求める訴えの利益が失われると解すべきかについては、見解の対立がある。

1つは、更正または再更正は、それぞれ、申告または更正・決定を白紙に戻したうえで、あらためて税額を全体として確定し直す行為であるとする見解である。この見解によれば、申告または更正・決定は更正または再更正によって効力を失うことになる（消滅説、吸収説）。

もう1つは、更正または再更正は、申告または更正・決定とは別個・独立の行為であり、申告または更正・決定によって確定した税額に一定の税額を追加し、またはそれを減少させるにすぎない、とする考え方である（独立説・併存説・追加説等）。

判例は、増額再更正処分については消滅説の立場をとり、再更正があると更正・決定の取消しを求める訴えは利益を失う旨判示し、減額再更正処分については、併存説の立場をとっている（最判昭和56・4・24民集35巻3号672頁）。しかし、金子説は、増額再更正の場合についても、再更正があっても更正・決定はその存在を失わず、その取消しを求める訴えの利益は失われないと解すべきであるとする。[7]

(C) **減額更正と訴えの利益**

減額更正または減額再更正がされた場合、これらの処分は納税者に有利な処分であるから、その取消しを求める訴えの利益はない、と解されてきた。

しかし、減額更正または減額再更正には、「単純に申告または更正に係る

---

[7] 金子・前掲（注1）937頁。

課税標準の一部を取り消す場合」と「それにとどまらず、申告または更正に係る課税標準の一部または全部の取消しと新たな課税要件事実の認定に伴う課税標準の加算とが複合して行われ、その結果として課税標準の中身が入れ替わる場合」とがあり得る。

前者は、納税者に有利な処分であるから、訴えの利益を否定しても特に不都合はないであろうが、後者の場合は、課税標準のうち新たに認定された課税要件事実に対応する部分に関する限りは、納税者に不利益な処分であるから、その取消しを求める訴えの利益は認められると解すべきである。また、更正の取消しを求める訴えの係属中に減額再更正がされた場合において、課税標準の入替えがあった場合には、更正の取消しを求める訴えを減額再更正の取消しを求める訴えに変更することが認められるべきである。

(D) 申告と取消しの利益

納税者は、申告の内容を自己の利益に変更するためには、更正の請求の方法によらなければならない。

更正の請求に対して、租税行政庁が、その理由を認めたうえ、独自の調査によっても、更正の請求に係る課税標準額を上回る部分については、取消しを求める利益を有すると解すべきである（東京高判昭和59・7・19行集35巻7号948頁）。

(E) 更正と修正申告

更正処分がなされた後に、更正による税額を上回る内容の修正申告をした場合においても、更正の理由と申告の理由とが異なる場合には、更正処分の取消しを求める利益はなお失われないと解すべきである。

(F) 更正の請求と増額更正

同一年分の所得税について、更正の請求に対する更正をすべき理由がない旨の通知処分と増額更正処分とがなされた場合において、増額更正処分に対する訴えにおいて争えるのは、申告額を上回る部分の税額に限られるから、更正をすべき理由のない旨の通知処分の取消しを求める利益はなお失われな

いと解すべきであろう。

　(G)　更正の請求による減額更正と当初更正処分の取消請求

　更正の請求により減額更正がなされた場合は、還付加算金の始期が更正請求または更正決定の日を基準とするのに対し、当初更正処分の取消しの場合には、その始期が納付の日を基準とするから、更正の請求による減額更正があっても、当該更正処分の取消しを求める法律上の利益はなお失われないと解すべきである（東京高判平成9・5・22行集48巻5・6号410頁）。

　(H)　第2次納税義務に関する納税告知処分とその一部取消処分との関係

　更正・決定と減額の再更正の場合と同様に考えられる。

　　(エ)　処分性

　取消訴訟の対象は、「処分その他公権力の行使に当たる行為」（処分）とされている（行訴3条2項）。課税処分にあたるものにつき取消訴訟を提起できることについては、特に問題がない。

　これに対して、事実行為は講学上の行政処分にあたらないから、処分性が否定されることが多い。

　最判昭和45・12・24民集24巻13号2243頁は、源泉徴収における納税義務は所得の支払いの時に確定し、税務署長の納税告知は課税処分でないとしつつ、確定した税額についての税務署長の意見が初めて公にされるものとの理由で、納税告知に対する抗告訴訟を許容している。

　最判昭和54・12・25民集33巻7号753頁は、貨物が輸入禁制品に該当する旨の税関長の通知につき、それが当該貨物を適法に輸入することができなくなるという法律上の効果を有するものとして、行政処分にあたることを認める。この判決は、事実上の行為とされてきた税関長の通知を、法律上の効果の観念をやや広く解することによって、行政処分とみるものである。[8]

---

[8]　芝池義一『行政救済法講義〔第3版〕』27〜39頁、塩野宏『行政法Ⅱ〔第5版補訂版〕』106頁。

(3) 執行停止

租税行政処分の取消しの訴えの提起は、租税不服申立ての場合と同様に、処分の効力、処分の執行または手続の続行を妨げない（行訴25条1項。執行不停止原則）。ただし、処分、処分の執行または手続の続行により生ずる重大な損害を避けるため緊急の必要があるときは、裁判所は、申立てにより、決定をもって、処分の効力、処分の執行または手続の続行の全部または一部の停止をすることができる（同条2項。執行停止）。たとえば、租税確定処分の取消しを求める訴えを提起した場合には、それを本案として、滞納処分の執行（続行を含む）の停止を求めることができる。執行停止は、公共の福祉に重大な影響を及ぼすおそれがあるとき、または本案について理由がないとみえるときは、することができない（同条4項）。しかし、租税行政処分については、執行停止が公共の福祉に重大な影響を及ぼす事態は通常は考えられない。

(4) 本案の争点

㋐ 違法性の承継

行政の行為が連続して行われる場合、先行の行為に違法性があったとしても、後行の行為には、原則として違法性は承継されず、先行行為の違法を理由に、後行行為が取り消されることはない。

しかし、①1つの手続ないし過程において複数の行為が連続して行われる場合において、②これらの行為が結合して1つの法効果の発生をめざす場合には、違法性の承継が認められる。この基準により、滞納処分における差押えと公売処分について、違法性の承継が認められている。[9]

㋑ 処分理由の追完・差替え

平成23年の国税通則法の改正により、国税に関する法律に基づく申請に対する拒否処分や不利益処分には理由付記をしなければならないこととされた

9　芝池・前掲（注8）73頁。

（税通74条の14）。そして、これは平成25年１月１日から実施されている（国税庁ホームページ参照）。

　理由付記の制度は、①行政決定を行う行政庁の判断の慎重さと合理性を担保し、その恣意を抑制すること、②行政決定の理由を相手方やその利害関係人に知らせることによって、行政法の不服申立てや訴訟を行ううえで便宜を与えること、③行政庁の判断の根拠を開示するという機能をもち、国民の権利保護にとって重要な制度であるから、付記された理由が不十分あるいは不適切なものである場合には、上記のとおり行政処分は違法であって、取り消される。しかし、裁判所が、理由の付記の不十分や不適切を理由に行政処分を取り消しても、行政庁が、あらためて理由を付して同一内容の処分を行うことは妨げられないから、紛争の一回的解決の見地からは、理由の追完・差替えを一定の範囲で認めたほうがよいこともある。

　最高裁判所は、理由が不十分な場合には行政処分を取り消す判例を繰り返しつつ（最判昭和38・５・31民集17巻４号617頁、最判昭和60・１・22民集39巻１号１頁〔旅券発給拒否事件〕）、差替えについてはこれを一定の範囲で許容する判断を示している。すなわち、税法上の更正処分につき、「このような場合に被上告人に本件追加主張の提出を許しても、右更正処分を争うにつき被処分者たる上告人に格別の不利益を与えるものではないから、一般的に青色申告書による申告についてした更正処分の取消訴訟において更正の理由とは異なるいかなる事実をも主張することができると解すべきかどうかはともかく、被上告人が本件追加主張を提出することは妨げない」としている（最判昭和56・７・14民集35巻５号901頁）。[10]

(ウ) 過誤納金の還付請求（公定力との関係）

　課税処分（更正処分等）には、公定力があり、取消訴訟により取り消されない限り有効なものとして扱われる。そこで、過誤納金の還付請求をする場

10　芝池・前掲（注８）73〜74頁。

合、公定力との関係が問題になる。

　誤納金は、最初から法律上の原因を欠いていた利得であるから、納税者は、直ちに不当利得としてその還付を求めることができる（最判昭和52・3・31訟月23巻4号802頁）。

　これに対し、過納金は、有効な確定処分に基づいて納付ないし徴収された税額であるから、基礎になっている行政処分が取り消され、公定力が排除されない限り、納税者は、不当利得としてその還付を求めることができない（大審院以来の通説・判例）[11]。

　一般的には、所得税などで、更正処分の取消訴訟を提起する場合、取消しが認められた場合の過誤納金還付請求訴訟を同時に提起していない[12]。これは、取消判決が、その事件について処分行政庁その他関係行政庁に対して拘束力をもち（行訴33条1項）、判決の趣旨に適合した還付等がなされるからである。

　(A)　申告納税方式の国税、賦課課税方式の場合

　取消訴訟を提起する場合、請求の趣旨は、次のとおりとなる。

1　〇〇税務署長が原告に対して平成〇〇年〇月〇日付けでした，原告の平成〇〇年分の所得税の更正処分を取り消す。
2　訴訟費用は被告の負担とする。

　(B)　自動確定方式の租税の場合

　最判平成17・4・14民集59巻3号491頁は、不動産登記の登録免許税に関する行政庁の還付通知請求に関する拒否通知を行政処分にあたるとしながら、登録免許税法上の手続外での還付請求は可能であると判示した。この判決は、その結論は申告納税方式の国税にはあてはまらないことを前提としているため射程は狭い。

　過誤納金還付請求訴訟とともに、取消訴訟を併合提起する場合、請求の趣

---

[11]　金子・前掲（注1）750頁。
[12]　山田二郎編集代表『実務租税法講義』111頁。

旨は、次のとおりとなる。

> 1　被告は、原告に対し、金〇〇円及びこれに対する平成〇年〇月〇日から支払い済みまで年5分の割合による金員を支払え。
> 2　原告が別紙登記目録記載の登記につき平成〇〇年〇月3日付けでした登録免許税法31条2項に基づく還付通知請求について、〇〇地方法務局登記官が平成〇〇年〇月13日付けで原告に通知してなした「過誤納付の事実は認められないので、税務署長への還付の通知はできません」という旨の処分を取り消す。
> 3　訴訟費用は被告の負担とする。

(C)　国家賠償請求の場合

　最判平成22・6・3民集64巻4号1010頁は、課税処分について国家賠償を認めた。一般には、行政処分の「公定力」は国家賠償請求には及ばないとされる。しかし、金銭納付を目的とする行政処分について国家賠償請求を認めると、実質的に行政処分の公定力が潜脱される結果となる。そこで、金銭納付を目的とする行政処分につき国家賠償が問題となった場合には、その行政処分に公定力があることを前提とする説と前提としない説の双方があった。そのような中で、上記平成22年最判は、地方税法上の不服申立手段を経ることなく、課税処分についても（公定力があることを前提とせずに）国家賠償法に基づく賠償請求が可能であるとした。これにより、課税処分その他の金銭納付をめぐる行政処分については、公務員の「故意又は過失」等を立証できれば、出訴期間経過後も、課税処分の違法を国家賠償訴訟において争う途が大きく開かれたことになる。

　請求の趣旨は、金銭請求のみとなる。

判例Check

○法人税更正処分取消請求事件（東京地判平成26・3・18判例集未登載）

昨今、課税処分の取消しを求める訴訟が相次いで提起されている。本件においては、企業の組織再編における当局の課税裁量を幅広く認めている法人税法132条の2（包括否認規定）の適用の是非が初めて争点となった。事案の概要は以下のとおりである。

原告会社（ヤフー株式会社）は、ソフトバンク社から同社の完全子会社であったI社の発行済株式全部を譲り受けた後、平成21年3月30日、原告会社を合併法人、I社を被合併法人とする合併を行った。その後、原告会社は、事業年度に係る法人税の確定申告にあたり、法人税法57条2項（平成22年改正前法）の規定に基づき、I社の未処理欠損金額約542億円を原告会社の欠損金額とみなして、同条1項の規定に基づき損金の額に算入したうえで、申告を行った。しかし、処分行政庁（麻布税務署）は、本件買収、本件合併およびこれらの実現に向けられた原告会社の一連の行為は、法人税法施行令112条7項5号（平成22年改正前）に規定する要件を形式的に満たし、租税回避をすることを目的とした異常ないし変則的なものであり、その行為または計算を容認した場合には、法人税の負担を不当に減少させる結果となると認められるとして、法人税法132条の2の規定に基づき、I社の未処理欠損金額を原告の欠損金額とみなすことを認めない旨の更正処分および過少申告加算税賦課決定処分を行った。そこで、原告会社は、本件更正処分等の一部および本件賦課決定処分の取消しを求めたものである。

東京地方裁判所は、ソフトバンク株式会社の取締役であったA氏がI社の取締役副社長に就任した行為およびI社の未処理欠損金額を原告会社の欠損金額とみなして損金の額に算入する計算は、法人税法132条の2の規定に基づき否認することができ、本件本件更正処分等は適法なものであるとして、原告の請求を棄却した。

判例 Check

〇**法人税更正処分取消等請求事件**（東京地判平成26・5・9判例集未登載）

本件は、日本IBMの持ち株会社が、連結納税と自社株買いを組み合わせたスキームで課税逃れをしたものとして、東京国税局から約3995億円の申告漏

れを指摘され課税処分を受けたことに対する処分取消訴訟である。

外国法人である米国WT（米国IBMの海外の関連会社を統括する持株会社）を唯一の社員とする同族会社であった原告（日本IBMの持ち株会社）が、平成14年2月に海外の親会社である米国WTから日本IBMの発行済株式の全部の取得（本件株式購入）をし、原告は、平成17年12月までに3回にわたり同株式の一部を発行した日本IBMに譲渡をした（自社株買い）。そのうえで原告は、当該株式の譲渡に係る対価の額（利益の配当とみなされる金額に相当する金額を控除した金額）と当該株式の譲渡に係る原価の額との差額である譲渡損失額につき、各譲渡事業年度における所得金額の計算上損金の額にそれぞれ算入し、この本件各譲渡事業年度において生じた欠損金額に相当する金額を、平成20年12月連結期の法人税の確定申告にあたり、連結所得の金額の計算上損金の額に算入した。しかし、処分行政庁から、法人税法132条1項に基づき更正処分等を受けたことから、原告は、処分の取消しを求めたものである。

東京地方裁判所は、本件各譲渡を容認して法人税の負担を減少させることが法人税法132条1項にいう「不当」なものと評価されるべきであると認めるには足りないというべきであるとして、原告の請求をいずれも認容した。

判例Check

○**法人税更正処分等取消請求事件**（東京地判平成26・8・28判例集未登載）

本件は、原告（本田技研工業株式会社）がブラジル子会社との取引で利益を移転したとして追徴課税されたことを不服として、処分の取消しを求めたものである。事案の概要は以下のとおり。

原告は、その間接子会社であり、ブラジル連邦共和国アマゾナス州における外国法人H社およびその子会社との間での取引により支払いを受けた対価の額を収益の額に算入して、5期にわたって確定申告を行った。しかし、処分行政庁から、前記支払いを受けた対価の額が、租税特別措置法66条の4第2項1号ニおよび2号ロ、同法施行令39条の12第8項に定める利益分割法により算定した独立企業間価格に満たないことを理由に、租税特別措置法66条

の4第1項の国外関連者との取引に係る課税の特例の規定により、本件国外関連取引が独立企業間価格で行われたものとみなし、各事業年度の所得金額に独立企業間価格と国外関連取引の対価の額との差額を加算すべきであるとして、各更正処分等を受けた。そこで、原告は、被告国に対し、本件各更正処分等の一部または全部の取消しを求めたものである。

東京地方裁判所は、ブラジル側比較対象企業は、マナウス税恩典利益を享受していない点でH社等との比較可能性を有するのではないから、処分行政庁が、上記の差異につき何らの調整も行わずにブラジル側基本的利益を算定したうえ、本件独立企業間価格を算定したことには誤りがあるとした。そのうえで、上記の差異は、市場の特殊性という営業利益に大きくかかわる基本的な差異であるため、そもそも、適切な差異調整を行うことができるか否かは不明であり、本件の証拠関係の下では、原告が本件国外関連取引により支払いを受けた対価の額が独立企業間価格に満たないものであることにつき立証があったとは認められないから、本件国外関連取引に租税特別措置法66条の4第1項を適用して移転価格税制の課税を行うことはできないとして、原告の請求を認容した。

【書式3】 訴状（消費税および地方消費税の更正処分取消等請求事件）

訴　　　状

平成〇〇年〇月〇日

東京地方裁判所民事部　御中

原告訴訟代理人弁護士　　乙　川　次　郎

〒〇〇〇-〇〇〇〇　東京都千代田区〇〇一丁目2番3号
　　　　　　　　　　原　　　　告　　株式会社〇〇商店
　　　　　　　　　　上記代表者代表取締役　　〇　〇　〇　〇
〒〇〇〇-〇〇〇〇　東京都千代田区〇〇二丁目4番5号
　　　　　　　　　　〇〇法律事務所（送達場所）
　　　　　　　　　　電　話　(03) 〇〇〇〇-〇〇〇〇
　　　　　　　　　　ＦＡＸ　(03) 〇〇〇〇-〇〇〇〇

第3章 課税処分

　　　　　　　　　　　　原告訴訟代理人弁護士　　乙　川　次　郎
　　〒100-0013　東京都千代田区霞ヶ関一丁目1番1号
　　　　　　　　　　　　被　　　　　告　　　　国
　　　　　　　　　　　　上記代表者法務大臣　　○　○　○　○
　　　　　　　　　　　　処　分　行　政　庁　　○○税務署長○○○○

消費税及び地方消費税の更正処分取消等請求事件
　　訴訟物の価額　　　　金160万円
　　貼用印紙額　　　　　金1万3000円
第1　請求の趣旨
1　処分行政庁が平成21年5月29日付けで原告に対してした，平成17年4月1日から平成18年3月31日までの課税期間に係る消費税及び地方消費税の更正処分のうち，消費税につき還付すべき税額が705万3217円，地方消費税につき還付すべき譲渡割額が176万3304円をそれぞれ下回るとした部分，並びに，過少申告加算税賦課決定処分をいずれも取り消す。
2　訴訟費用は，被告の負担とする。
との判決を求める。

第2　請求の原因
1　当事者
　　原告は，大阪市が開設した大阪市中央卸売市場A場（以下「A場」という。）において牛枝肉等の卸売を行う卸売会社として昭和56年12月17日に設立され，昭和59年4月1日に市場法15条1項の規定に基づき農林水産大臣の許可を受けて業務を開始した法人である（甲1）。
　　原告は，出荷者から販売の委託等を受けて，本件条例34条に基づく取引方法に従って，牛枝肉等の売買への参加について大阪市長から許可を受けた仲卸業者及び大阪市長から承認を受けた売買参加者（両者を併せて，以下「買受人」という。）を相手に牛枝肉等を販売していた。
2　債権の貸倒れに至る経緯
　(1)　原告は，平成10年10月30日から，平成12年6月16日までの間，Cに対し，牛枝肉等を販売した。原告は，Cとの取引の最終日である同日時点で，Cに対し，9億4642万3153円の債権（利息ないし損害金等を除く。

以下同様）を有していた。その後，原告は，Ｃから差し入れられていた担保物件を処分して充当した結果，Ｃに対する貸倒れとなった債権の額は，9億1584万0392円となった（以下「本件Ｃに係る債権」という。）。

Ｃは，平成17年9月7日，大阪地方裁判所岸和田支部から破産決定を受け，同年11月11日，同裁判所から免責許可決定を受けた。

原告は，そのころに本件Ｃに係る債権は実質的に回収不能になったとして，原告の同年4月1日から平成18年3月31日までの課税期間（以下「本件課税期間」という。）において，上記債権金額を貸倒れとして経理処理した。

(2) 原告は，平成12年4月12日から同年7月3日までの間，Ｄに対し，牛枝肉等を販売した。原告は，Ｄとの取引の最終日である同日時点で，Ｄに対し，2848万4259円の債権を有していた。

その後，Ｄの資産状態や支払能力等が悪化したことから，原告は，同年12月14日以降，Ｄとの取引を停止し，平成13年9月17日にＤから差し入れられていた担保物件を処分して充当した結果，Ｄに対する貸倒れとなった債権の額は，2547万7766円となった（以下「本件Ｄに係る債権」といい，本件Ｃに係る債権と併せて「本件各債権」という。）。

原告は，本件Ｄに係る債権につき，本件課税期間に消費税法施行規則18条3号に規定する備忘価格1円を控除した後の金額2547万7765円を貸倒れとして経理処理した。

3 本件課税期間に係る消費税等の確定申告

原告は，平成18年5月30日，消費税法39条1項に基づき，本件各債権について貸倒れに係る消費税額の控除をして，本件課税期間に係る消費税等の確定申告をした。同確定申告の内容は，別表「課税の経緯（消費税等）」の「確定申告」欄記載のとおりであり，原告は，上記貸倒れに係る消費税額として，3585万9739円（9億1584万0392円と2547万7765円の合計額に105分の4を乗じて算出した金額）を計上している。

4 本件各処分とその後の不服申立て等

(1) 処分行政庁は，本件各債権について貸倒れに係る消費税額の控除は認められないとして，平成21年5月29日付けで，別表「課税の経緯（消費税等）」の「更正処分等」欄記載のとおり，原告に対し，本件課税期間の消費税等の更正処分及び過少申告加算税の賦課決定処分（本件各処分）

第3章　課税処分

を行った。
(2)　原告は，平成21年7月23日，本件各処分の取消しを求め，処分行政庁に対する異議の申立てをしたが，処分行政庁は，同年9月16日付けでこれを棄却する旨の決定をした（別表「課税の経緯（消費税等）」の「異議申立て」及び「異議決定」の各欄記載のとおり）。
(3)　原告は，平成21年10月15日，本件各処分の取消しを求め，国税不服審判所長に対する審査請求をしたが，同所長は，平成22年9月9日付けでこれを棄却する旨の裁決をした（別表「課税の経緯（消費税等）」の「審査請求」及び「裁決」の各欄記載のとおり）。
5　しかしながら，本件牛枝肉取引において，「課税資産の譲渡等」を行った者は，原告であって，委託者（出荷者）ではなく，したがって，本件各債権の貸倒れについて，消費税法39条1項が適用される。以下詳述する。
(1)　原告は商法上の問屋であるところ，委託者と問屋との内部関係は委任関係であるが，対外的には問屋が法律上の権利義務の主体となるから，外部関係は，問屋が法律上の当事者という関係になる。原告は，委託者（出荷者）との内部的な委任関係に基づき，対外的には自らが法律上の当事者（権利義務の主体）として，買受人との間の法律行為（買受代金の請求や受領）を行っており，まさに典型的な問屋である。

　　　これを本件牛枝肉取引についてみると，原告は，商法上の問屋として，本件各買受人との間で本件牛枝肉取引をしたのであるから，本件牛枝肉取引について法律上の権利義務の主体となる者は，委託者（出荷者）ではなくあくまでも原告である。すなわち，本件牛枝肉取引は，原告と本件各買受人との間でされた販売取引であるから，本件各買受人に対する本件各債権は，本件牛枝肉を販売したことによって原告が取得した債権であり，明らかに，当該課税資産の譲渡等の相手方に対する売掛金その他の債権である。また，そうであるからこそ，たとえ買受人から原告に対して牛枝肉の売買代金の支払がされていない場合であっても，原告は委託者（出荷者）に対し，当該売買仕切金を支払わなければならないとされている。
(2)　消費税法13条は，資産の譲渡等を行った者の実質判定について規定し，実質所有者課税の原則を採るところ，その意義は，課税物件の法律上（私法上）の帰属につき，その形式と実質が相違している場合には，実質

に即して帰属を判定すべきであるというものであって，いわゆる法律的帰属説が妥当する。

　そうであるところ，本件牛枝肉取引を実質的にみても，原告は，実体上も売主として本件牛枝肉を販売しているのであり，そもそも名義と実体，形式と実質に何ら齟齬することはなく，本件牛枝肉取引について，消費税法13条の適用の前提を欠くものといえる。

　すなわち，まず，本件牛枝肉取引においては，委託者（出荷者）がせり売を実施することを原告に委託し，牛枝肉を原告に出荷して引き渡した段階で，当該牛枝肉の所有権を原告に移転させる旨の意思表示の合致があり，牛枝肉の所有権は原告に移転し，せり売の結果，牛枝肉の所有権が原告から買受人に移転するのであって，牛枝肉の所有権は，委託者（出荷者）から買受人に直接移転するのではなく，委託者（出荷者）から原告に移転した後，原告から買受人に移転するものである。

　また，本件受託契約約款には，委託者（出荷者）が委託物品である牛枝肉の販売について，指値その他の条件を付することができる旨の条項が存するが，問屋は委託者の指図に従うことを要するのであるから，これは問屋取引として当然のことを規定したものにすぎない。このような指値条項があるからといって，問屋取引の法律関係が変わるわけではなく，買受人に対する牛枝肉売買の権利義務の法律上の帰属主体は原告である。なお，過去10年間，委託者（出荷者）から指値がされた例はなく，指値条項は形式上規定として存するものの，実質的には何ら機能していない。

　さらに，原告は，買受人から原告に対する牛枝肉の販売代金の支払がされない場合であっても，委託者（出荷者）に対して売買仕切金を支払う必要があるところ，これは，まさに，原告が牛枝肉の実質的な売主として，買受人に対する代金回収が不成功に終わるかもしれないという危険（代金回収リスク）を完全に負っていることを意味する。このように原告が代金回収リスクを負っているのは，原告が形式上も実質上も売主として牛枝肉を買受人に販売しているからにほかならない。また，委託者（出荷者）は，原告に対して売買仕切金以外のものを請求し得ず，本件各債権自体の移転を求めることはできない。これは，本件各債権が，牛枝肉の販売と同時に，形式的にも実質的にも原告に帰属するからである。

6　よって，原告は，処分行政庁が原告に対してした本件各処分の各取消しを求め，本訴を提起する。

証　拠　方　法

（省略）

附　属　書　類

1	訴状副本	1通
2	甲号証写し	各2通
3	資格証明書	1通
4	訴訟委任状	1通

第4章

運転免許をめぐる処分

I　運転免許制度

1　運転免許

　自動車および原動機付自転車（以下、「自動車等」という）を運転しようとする者は、公安委員会の運転免許（以下、「免許」という）を受けなければならない（道交84条1項）。同項の規定による免許を受けないで（運転免許の効力が停止されている場合を含む）、自動車等を運転することは禁じられている（同法64条1項）。

　したがって、自動車の運転免許は、「免許」とはいえ、「法令による相対的禁止（不作為義務）を特定の場合に解除することを法効果とする行為[1]」とか、「人の本来自由な活動領域について予め禁止をしておき、一定の要件を備えると、申請に基づくその禁止を解除、つまり自由の回復を図る[2]」行為をいう、講学上の「許可」にあたる。

　自動車等の運転は、人の本来自由な活動であるから、公安委員会は、申請書を提出して申請をし、かつ、公安委員会の行う運転免許試験を受け（道交89条1項）、それに合格した者には、欠格事由（同法88条）、拒否事由（同法90条1項ただし書）に該当する場合を除き、免許を与えなければならないものとされている（同項本文）。

　道路交通法には免許の欠格事由（道交88条）が定められており、これに該当する者には免許が与えられず、免許の拒否事由等のいずれかに該当する者については、政令で定める基準に従い、免許（仮免許を除く）を与えず、または6月を超えない範囲内において免許を保留することができる（同法90条1項ただし書）。

　また、公安委員会は、道路における危険を防止し、その他交通の安全を図

---

[1]　芝池義一『行政法総論講義〔第3版〕』130頁。
[2]　塩野宏『行政法Ⅰ〔第5版〕』117頁。

84

るため必要があると認めるときは、必要な限度において、免許に、その免許に係る者の身体の状態または運転の技能に応じ、その者が運転することができる自動車等の種類を限定し、その他自動車等を運転するについて必要な条件を付し、およびこれを変更することができるものとされている（道交91条）。法令用語としては、「条件」という言葉が、附款をすべて含むものとして用いられており、ここでいう「条件」は、講学上は、法令に規定されている義務以外の義務（作為、不作為）を付加する附款、すなわち、「負担」である。

〔図2〕 **運転免許の交付の流れ**

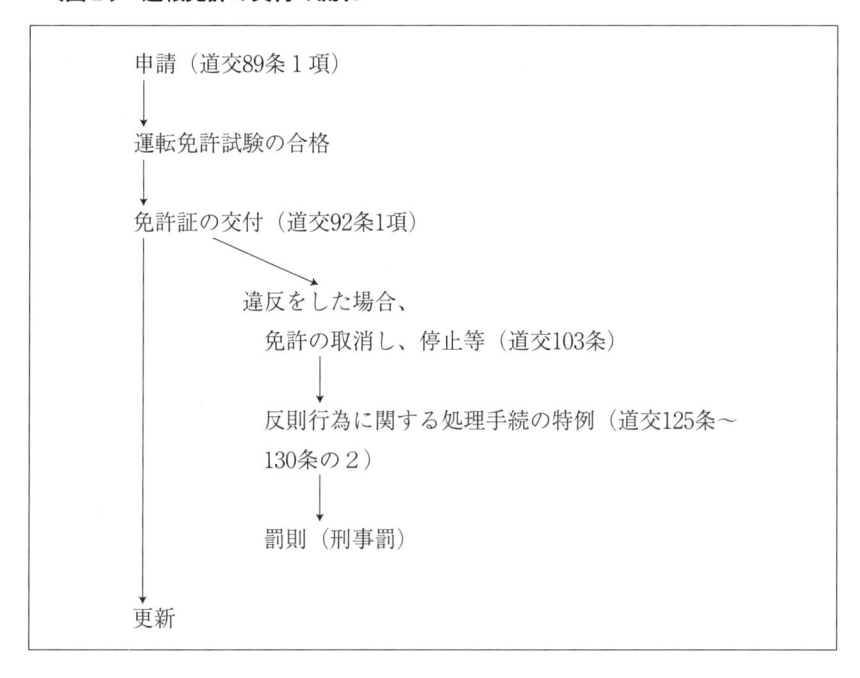

```
申請（道交89条1項）
    ↓
運転免許試験の合格
    ↓
免許証の交付（道交92条1項）
    ↓
    違反をした場合、
        免許の取消し、停止等（道交103条）
            ↓
        反則行為に関する処理手続の特例（道交125条～130条の2）
            ↓
        罰則（刑事罰）
    ↓
更新
```

2 | 免許証の交付

　免許は、運転免許証（以下、「免許証」という）の交付によって行われる（道交92条1項）。

(1) 有効期限

免許の有効期限は、〈表2〉のとおり定められている（道交92条の2）。

〈表2〉 免許の有効期限（道交92条の2）

免許証の交付または更新を受けた者の区分	更新日等における年齢	有効期間の末日
優良運転者および一般運転者	70歳未満	満了日等の後のその者の5回目の誕生日から起算して1カ月を経過する日
	70歳	満了日等の後のその者の4回目の誕生日から起算して1カ月を経過する日
	71歳以上	満了日等の後のその者の3回目の誕生日から起算して1カ月を経過する日
違反運転者等		満了日等の後のその者の3回目の誕生日から起算して1カ月を経過する日

※　「優良運転者」とは、更新日等までに免許の継続期間が5年以上である者であり、かつ、政令で定める期間内（起算日から5年以内）に違反行為または重大違反唆し等もしくは道路外致死傷をしたことがない者をいう。

「違反運転者等」とは、更新日等までに免許の継続期間が5年未満である者、または当該期間が5年以上の者であって、政令で定める期間内（起算日から5年以内）に軽微な違反（3点以下）を2回以上または重大違反唆し等もしくは道路外致死傷をしたことがある者をいう。

「一般運転者」とは、優良運転者または違反運転者等以外の者をいう。

(2) 免許証の記載事項

運転免許証には、次の事項が記載される（道交93条）。ただし、電磁的方法による記録がされる場合には、免許証には本籍地は記載されない。

① 　免許証の番号（道交93条1項1号）

② 　免許の年月日並びに免許証の交付年月日および有効期間の末日（同2号）

③ 　免許の種類（同3号）

④　免許を受けた者の本籍、住所、氏名および生年月日（同4号）
⑤　優良運転者である場合には、その旨（同5号）
⑥　91条の条件（同条2項）。

③ 免許の更新等

　免許証の有効期間の更新（以下、「免許証の更新」という）を受けようとする者は、当該免許証の有効期間が満了する日の直前のその者の誕生日の1月前から当該免許証の有効期間が満了する日までの間（以下、「更新期間」という）に、その者の住所地を管轄する公安委員会に内閣府令で定める様式の更新申請書を提出して、更新の申請をしなければならない（道交101条1項）。

　更新申請書の提出があったときは、当該公安委員会は、その者について、速やかに自動車等の運転について必要な適性検査（以下、「適性検査」という）を行わなければならず（道交101条4項）、適性検査の結果から判断して、当該免許証の更新を受けようとする者が自動車等を運転することが支障がないと認めたときは、当該公安委員会は、当該免許証の更新をしなければならない（同条5項）。

　免許証の更新を受けようとする者のうち当該更新を受ける日において優良運転者に該当する者は、当該免許証の有効期間が満了する日の直前のその者の誕生日までに免許証の更新の申請をする場合には、道路交通法101条1項の規定による更新申請書の提出を、その者の住所地を管轄する公安委員会以外の公安委員会（経由地公安委員会）を経由して行うことができる（道交101条の2の2）。

　免許証の更新を受けようとする者は、その者の住所地を管轄する公安委員会（または経由地公安委員会）が行う道路交通法108条の2第1項11号に掲げる講習を受けなければならない（同法101条の3第1項）。公安委員会は、前記講習を受けていない者に対しては、免許証の更新をしないことができる（同条2項）。

免許を受けた者は、自動車等の運転に関し道路交通法もしくは同法に基づく命令の規定または同法の規定に基づく処分に違反する行為（政令で定める軽微なものに限る）をし、当該行為が政令で定める基準に該当することとなった場合において、通知を受けたときは、当該通知を受けた日の翌日から1月以内に講習を受けなければならない（道交102条の2）。

4 免許の取消し、停止等

(1) 免許の停止

免許を受けた者が下記①から⑨のいずれかに該当することとなったときは、公安委員会は、その者の免許を取り消し、または6月を超えない範囲内で期間を定めて免許の効力を停止することができる（道交103条1項）。

① 次に掲げる病気にかかっている者であることが判明したとき（1号）
　ⓐ 幻覚の症状を伴う精神病であって政令で定めるもの（1号イ）
　ⓑ 発作により意識障害または運動障害をもたらす病気であって政令で定めるもの（1号ロ）
　ⓒ ⓐおよびⓑに掲げるもののほか、自動車等の安全な運転に支障を及ぼすおそれがある病気として政令で定めるもの（1号ハ）

② 認知症であることが判明したとき（1号の2）

③ 目が見えないことその他自動車等の安全な運転に支障を及ぼすおそれがある身体の障害として政令で定めるものが生じている者であることが判明したとき（2号）

④ アルコール、麻薬、大麻、あへんまたは覚せい剤の中毒者であることが判明したとき（3号）

⑤ 道路交通法103条6項の規定による命令に違反したとき（4号）

⑥ 自動車等の運転に関し道路交通法もしくは道路交通法に基づく命令の規定または道路交通法の規定に基づく処分に違反したとき（道交103条1項1号から4号までのいずれかに該当する場合を除く）（5号）。

⑦　重大違反唆し等をしたとき（6号）
⑧　道路外致死傷をしたとき（道路交通法103条2項5号に該当する場合を除く）（7号）
⑨　①～⑧に掲げるもののほか、免許を受けた者が自動車等を運転することが著しく道路における交通の危険を生じさせるおそれがあるとき（8号）

(2) 免許の取消し

免許を受けた者が下記①から⑤のいずれかに該当することとなったときは、公安委員会は、その者の免許を取り消すことができる（道交103条2項）。

①　自動車等の運転により人を死傷させ、または建造物を損壊させる行為で故意によるものをしたとき（1号）
②　自動車等の運転に関し刑法208条の2の罪（危険運転致死傷罪）にあたる行為をしたとき（2号）
③　自動車等の運転に関し道路交通法117条の2第1号または3号の違反行為をしたとき（①②のいずれかに該当する場合を除く）（3号）
④　自動車等の運転に関し道路交通法117条の違反行為をしたとき（4号）
⑤　道路外致死傷で故意によるものまたは刑法208条の2の罪にあたるものをしたとき（5号）

(3) 免許不交付期間

公安委員会は、道路交通法103条1項各号（4号を除く）のいずれかに該当することを理由として同条1項または4項の規定により免許を取り消したときは、政令で定める基準に従い、1年以上5年を超えない範囲内で当該処分を受けた者が免許を受けることができない期間を指定する（道交103条7項）。

また、公安委員会は、道路交通法103条2項各号のいずれかに該当することを理由として同条1項または4項の規定により免許を取り消したときは、政令で定める基準に従い、3年以上10年を超えない範囲内で当該処分を受けた者が免許を受けることができない期間を指定する（道交103条8項）。

5 罰　則

　交通違反について、道路交通法115条から124条までに、さまざまな刑事罰が定められている。たとえば、同法117条では、まず、1項で「車両等……の運転者が、当該車両等の交通による人の死傷があつた場合において、72条（交通事故の場合の措置）1項前段の規定に違反したときは、5年以下の懲役又は50万円以下の罰金に処する」とし、2項において、「前項の場合において、同項の人の死傷が当該運転者の運転に起因するものであるときは、10年以下の懲役又は100万円以下の罰金に処する」としている。

6 反則行為に関する処理手続の特例

　道路交通に関する違反は、大量かつ反復的に生ずることは不可避なので、交通違反のうち、比較的軽微で定型的な違反（たとえば信号無視違反等）については、違反者が一定の期日までに法律に定められた反則金を納付すれば、その違反については刑罰が科せられなくなる（少年であれば家庭裁判所の処分を受けなくなる）制度が設けられている（道交128条2項）。

　反則金を納付しない場合は刑事手続に移行し、検察官が起訴すれば裁判を受ける（少年の場合は家庭裁判所の審判に付される）ことになる（道交130条）。

II　争訟手段

1 運転免許取消処分の取消請求事件

(1) 処分取消訴訟の提起

　運転免許の取消処分は、不利益処分であるので、取消訴訟を提起しうる。この場合、差止め訴訟は、時間がかかるが、訴え提起によっても処分の効力等は停止しないから（執行不停止の原則。93頁参照）、実効性に乏しい。後述の執行停止の申立てをすべきである。

(ア) 不服申立て

　行政事件訴訟法上、不服申立てができる場合でもこれを行うかどうかは原則として原告の任意に委ねられており（行訴8条1項本文）、法律に不服申立てに対する裁決を経た後でなければ取消訴訟を提起することができない旨の規定がある場合のみ、不服申立ての前置が義務づけられる（同項ただし書）。道路交通法には、不服申立前置の規定がないから、不服申立てを行うか、訴訟提起をするかを自由に選択することができる。ただし、同法の規定に基づき警察官等が現場においてした処分については、行政不服審査法による不服申立てをすることができないものとされている（道交113条の3）。

(イ) 請求の趣旨

　取消訴訟の請求の趣旨は、「○○県公安委員会が原告に対し平成○○年○○月○○日付けでした運転免許取消処分を取り消す」とか、「○○県公安委員会が平成○○年○○月○○日付けで原告に対してした運転免許取消処分を取り消す」と表現される。

(ウ) 請求が認容された事例

　請求が認容された事例としては、指定最高速度（60キロメートル毎時）を70キロメートル毎時超過する130キロメートル毎時で自家用普通乗用自動車を運転したことなどの違反行為により、累積点数が15点になったとして、神奈川県公安委員会から、運転免許を受けることができない期間を1年とする運転免許取消処分（以下、「本件処分」という）を受けた原告が、上記の70キロメートル毎時超過の速度違反の事実はないと主張して、本件処分の取消しを求めた事案について、原告運転車両が指定最高速度60キロメートル毎時を50キロメートル毎時以上超過して走行したことを認めるに足りる主張・立証はないから、原告の本件取締り時における速度超過に付される基礎点数は9点以下にとどまり、原告の違反点数は、累積点数3点と合計しても12点以下となって、前歴のない原告に対しては免許取消処分を行うことができないことになるから、本件処分は違法であり、取消しを免れないとして、原告の請

求を認容したもの（横浜地判平成21・10・28判例集未登載）や、処分行政庁から第一種中型免許および第二種中型免許を受け、タクシー運転手として稼働していた原告が、深夜、タクシーを運転して、丁字路を左折進行したところ、左折した先の道路上に横臥していた男性を轢過して死亡させる交通事故を起こし、処分行政庁から、道路交通法70条所定の安全運転義務違反の違反行為があるとして違反点数および付加点数を付され、累積点数が運転免許を取り消す基準に該当するとして運転免許取消処分を受けたことから、原告には安全運転義務違反はなく、また、上記処分の手続に違法があると主張して、上記処分の取消しを求めた事案につき、道路交通法70条所定の安全運転義務違反の違反行為があるとして運転免許取消処分を受けた原告がした同処分の取消請求が認容されたもの（東京地判平成21・3・26判時2048号3頁（下記(2)(ウ)の東京地決平成19・12・28の本案））がある。

判例 Check

○免許停止処分取消訴訟（横浜地判平成21・10・28判例集未登載）

　本件は、指定最高速度（60キロメートル毎時）を70キロメートル毎時超過する130キロメートル毎時で自家用普通乗用自動車を運転したことなどの違反行為により、累積点数が15点になったとして、神奈川県公安委員会から、運転免許をうけることができない期間を1年とする運転免許取消処分を受けた原告が、上記の70キロメートル毎時超過の速度違反の事実はないと主張して、本件処分の取消しを求めた事案である。

　横浜地方裁判所は、「原告運転車両の後方約40メートルの距離を保ち、130キロメートル毎時で、本件違反認定位置までの約200メートルの間追尾を行ったという甲警部補の供述は、客観的に算定される原告運転車両の理論上の走行速度と整合しない上、本件停止位置までの距離から見ても無理があるといわざるを得ないのであり、本件スピードメーターにより記録された130キロメートル毎時という速度は、原告運転車両に高速度で接近する際の本件パトカー固有の速度であった疑いを否定し去ることはできない……その他に原告運転車両が指定最高速度60キロメートル毎時を50キロメートル毎時以上超過し

て走行したことを認めるに足りる主張立証はない」としたうえで、「原告の本件取締り時における速度超過に付される基礎点数は9点以下にとどまり（令別表第二の一参照）、原告の違反点数は、累積点数3点と合計しても12点以下となって、前歴のない原告に対しては免許取消処分を行うことができないことになるから（平成19年法律第90号による改正前の法103条1項5号、平成21年政令第12号による改正前の令38条5項1号イ、別表第三）、本件処分は違法であり、取消しを免れない」とした。なお、控訴審（東京高判平成22・5・19判例集未登載）においても原審を支持し控訴は棄却されている。

(2) 執行停止の申立て

(ア) 執行不停止の原則と執行停止の申立て

行政事件訴訟法25条1項は、「処分の取消しの訴えの提起は、処分の効力、処分の執行または手続の続行を妨げない」と定めており、取消訴訟を提起しても、処分の効力等の執行は当然には停止しない（執行不停止の原則）。また、行政事件訴訟法44条は、行政処分について、仮処分を制限している。そのため、取消訴訟を提起しても、自動車を運転することはできない。

そこで、免許停止処分または免許取消処分の取消訴訟を提起する場合、これとともに、当該免許停止処分または免許取消処分の執行停止の申立て（行訴25条2項）を行うことが考えられる。申立ての趣旨は、「〇〇県公安委員会が申立人に対して平成〇〇年〇〇月〇〇日付けでした運転免許取消処分の効力は、本案訴訟の判決の確定まで停止する」などと表現される。

(イ) 執行停止の要件

執行停止の要件として、本案訴訟（取消訴訟）が適法に提起されていることが要求されることから、取消訴訟の原告適格を有する者が取消訴訟を提起したうえで申立てを行うことが必要である。

「重大な損害を避けるため緊急の必要」（行訴25条2項）については、処分を受けた申立人の仕事、生活および家族の状況等を考慮して判断される。

第4章　運転免許をめぐる処分

　　(ウ)　執行停止が認められる期間

　執行停止が認められる場合でも、いつまで認められるかは、裁判例によりさまざまである。

　申立人が、処分に基づく執行を本案訴訟に関する判決の確定に至るまで停止することを求めていたのに対し、「本案に関する第一審判決の結論を踏まえて相当期間を経た上で、改めて各要件について判断すべきである」として、「運転免許取消処分の効力は、本案事件の第一審判決の言渡しの日から起算して15日後まで停止する」とした事例（仙台地決平成22・5・14裁判所ウェブサイト）や、「『本案について理由がないとみえるとき』に当たるかどうかの判断は、本案に関する第一審判決の結論如何によって影響を受けるものであり、この判断は、本案に関する第一審判決の帰すうを待って改めて判断すべきものである」として、「運転免許取消処分の効力は、本案事件の第一審判決の言渡しまでの間、これを停止する」とした事例（京都地決平成21・4・28裁判所ウェブサイト）、タクシー運転手が、道路上に横臥していた人を轢過して死亡させたとして、安全運転義務違反等を理由とする運転免許取消処分につき、本案訴訟の判決が確定するまでの間、その効力の停止を求めた事案において、「運転免許取消処分の効力は、本案に関する第一審判決の言渡しがあるまで停止する」とした裁判例（東京地決平成19・12・28裁判所ウェブサイト）がある。

　他方、本案事件についての判決の確定までの効力の執行停止を求めたのに対し、それを全部認容した事例として、関東運輸局長が、申立人提出の1人1車制個人タクシー事業の新規許可に付された期限の更新許可申請の添付書類に「通行禁止違反2点」の記載があり、それが、道路運送法に基づき新規許可に付した条件および関東運輸局長公示が規定する更新を認めない場合に該当するとして、更新申請を拒絶する処分をしたのに対し、申立人が、処分の取消しおよび執行停止を求めた事案で、処分には、法令の根拠およびその明示なき違法または処分基準およびその明示なき違法並びに裁量権の濫用

94

等があったとは認められないが、申立てには理由があるとして、期限の更新を拒絶した処分の効力を、事件についての判決の確定まで停止するとした裁判例（横浜地決平成22・10・29裁判所ウェブサイト）がある。

2 優良運転免許証交付等請求事件

(1) 訴えの利益

運転免許証の有効期間の更新処分を受けた際に、道路交通法違反の事実がないのに、これをあるとして一般運転者にあたるとし、優良運転者である旨の記載のない免許証を交付された者が、一般運転者とする部分の取消しおよび優良運転者である旨の記載のある免許証の交付等を求める訴えが適法か争われた事案がある。

第1審は、免許更新処分における運転者の区分の認定ないし確認行為は行政処分にあたらないし、審査請求の対象にもならないと判断して、いずれの訴えも不適法であるとして訴えを却下した（横浜地判平成17・12・21民集63巻2号326頁）。控訴審では、「優良運転者と一般運転者とでは、更新される免許証の有効期間の点ではいずれも5年であることに変わりがないが、優良運転者については、交付される免許証にその旨が記載されること、更新申請書の提出先について住所地以外の公安委員会を経由して行うことができること、講習手数料が一般運転者よりも低くなること、講習時間も短縮されることが法令で定められていることにかんがみれば、優良運転者には一般運転者に比べて優遇的措置が存在しその法的地位を異にしているということができ、直接国民の権利義務を形成し又はその範囲を確定することが法律上認められているものというべきである」と判示し、いずれの訴えも適法であるとし、第1審判決を取り消して差し戻すべきとの判決をした（東京高判平成17・6・28民集63巻2号351頁）。これに対し、被告が上告したが、最高裁判所は、一般運転者として扱われ、優良運転者である旨の記載のない免許証を交付されて免許証の有効期間の更新処分を受けた者は、優良運転者にあたると主張し

て同更新処分の取消しを求める訴えの利益を有し、また、その余の訴えにつき、本件更新処分中の原告を一般運転者とする部分が行政処分にあたらず、またはその取消しを求める訴えの利益がないことを理由として、これを不適法なものということはできないと判断し、上告を棄却した（最判平成21・2・27民集63巻2号299頁）。

しかし、優良運転者である旨の記載のない免許証を交付して行う更新処分（前の更新処分）を受けた者が、前の更新処分後に新たに優良運転者である旨の記載のある免許証を交付して行う更新処分を受けたときは、前の更新処分の取消しを求める訴えの利益は失われる（上記差戻し後の第1審である横浜地判平成21・12・14裁判所ウェブサイト）。

(2) 義務付け訴訟

運転免許証の更新に際し、指定通行区分違反を理由に運転者の区分を一般運転者とした運転免許証の交付を受けたのに対し、当該違反事実を争い、上記区分に係る処分の取消しを求めるとともに、運転者の区分を優良運転者とした運転免許証の交付を求めた（義務付け訴訟）事案において、指定通行区分違反の事実があったと認め、処分の取消しを求める請求は棄却し、義務付けの訴えに係る部分は不適法である（行訴37条の3第1項2号）として却下した事案がある（東京地判平成19・2・16判例集未登載（判例秘書登載））。

違反の事実がない場合には、運転者の区分を優良運転者とした運転免許証の交付を求める義務付け訴訟は適法である。その場合の請求の趣旨の記載例は、「処分行政庁は、原告に対し、運転者の区分を優良運転者とした運転免許証を交付せよ」となる。

【書式4】 訴状（運転免許取消処分取消請求事件）

訴　　　状

平成○○年○月○日

東京地方裁判所民事部　御中

　　　　　　　　　　原告訴訟代理人弁護士　　○　○　○　○

　　〒○○○-○○○○　東京都千代田区○○一丁目2番3号
　　　　　　　　　　　　原　　　　　　告　　○　○　○　○
　　〒○○○-○○○○　東京都千代田区○○二丁目3番4号
　　　　　　　　　　○○法律事務所（送達場所）
　　　　　　　　　　電　話　（03）○○○○-○○○○
　　　　　　　　　　ＦＡＸ　（03）○○○○-○○○○
　　　　　　　　　　原告訴訟代理人弁護士　　○　○　○　○
　　〒163-8001　　東京都新宿区西新宿2丁目8番1号
　　　　　　　　　　被　　　　　　告　　東　京　都
　　　　　　　　　　被告代表者兼処分行政庁　東京都公安委員会
　　　　　　　　　　上 記 代 表 者 委 員 長　○　○　○　○

運転免許取消処分取消請求事件
　　訴 訟 物 の 価 額　　金160万円
　　ちょう用印紙額　　金1万3000円

第1　請求の趣旨
1　東京都公安委員会が原告に対して平成○○年○月○○日付けでした運転免許を取り消す処分を取り消す
2　訴訟費用は被告の負担とする
との判決を求める。

第2　請求の原因
1　原告は，昭和62ないし63年ころからタクシー運転手として稼働していた

が，原告は，平成19年8月25日の午前2時30分ころ，タクシー（登録番号品川〇〇〇あ〇〇〇〇号。以下「原告車両」という。）を運転して，別紙1の現場見取図記載の大田区（以下略）内の蒲田方面から品川方面に至る道路（以下「本件道路」という。）を蒲田方面から品川方面へと進行し，同区（以下略）先の丁字路（以下「本件交差点」という。）を左折し，産業道路方向に進行したところ，本件交差点から約4.5メートルの進行方向左側路上に横臥していたG（以下「G」という。）を原告車両の左側前輪，後輪で轢過し，肋骨多発骨折等の胸部挫傷を負わせ，死亡させた（以下，この事故を「本件事故」，本件事故が生じた場所を「本件事故現場」，本件事故が生じた道路を「本件左方路」という。）。

2　本件左方路は，車道が3.25メートル，路側帯が原告車両進行方向左側に0.98メートル，同右側に0.85メートルあり，全体の幅が5.08メートルの狭隘な道路であり，本件交差点及び本件事故現場付近においては，原告車両進行方向左側に有限会社H（以下「H」という。）の建物が，同右側にはアパートの建物及び塀が，いずれも道路端に近接して設置されており，本件事故現場付近の本件左方路に街灯はなく，本件事故直後に行われた実況見分調書（甲1）には，夜間の明暗について「暗」，平成19年10月6日付け実況見分調書（甲2）には，本件左方路の「見通し状況」として，「左折時の左角付近は，街灯もなく薄暗く不良である」と記載されている状況であった。

3　処分行政庁は，原告に対し，平成19年9月21日付通知書（甲3。以下「本件通知書」という。）により法104条1項所定の意見の聴取を行う旨を通知し，同年10月12日に意見の聴取を行った上，同日，原告の運転免許を取り消し，同日から1年間免許を受けることができない期間として指定するとした運転免許取消処分をし（以下「本件処分」という。），その内容を記載した書面（甲4。以下「本件処分書」という。）を交付した。

4　本件処分は，本件事故前に原告のした法71条の3第1項の規定違反（座席ベルト装着義務違反）により，道路交通法施行令（以下「施行令」という。）別表第二の一所定の基礎点数1点があったことに加えて，本件事故に係る法70条の規定（安全運転義務）違反が同所定の基礎点数2点に，また，人の死亡に係る交通事故が，施行令別表第二の二所定の付加点数13点に該当することから，安全運転義務違反行為をした日を起算日とする過去3年

以内における原告の累積点数が16点となり，原告には当該期間内における施行令別表第三の備考に定める前歴1回があることから，法103条1項5号及び施行令38条5項1号イの規定（同法別表第三第一欄に掲げる前歴の区分に応じた第五欄に掲げる点数）の運転免許を取り消す基準に該当するとして行われた。
5　本件事故については，自動車運転過失致死罪の容疑で捜査が行われたが，東京地方検察庁検察官Ｉは，平成19年10月30日，原告に対して公訴を提起しない処分（起訴猶予）とし，同年11月14日付け不起訴処分通知書により，原告に対してその旨告知した。（甲5）
6　本件事故について，原告に安全運転義務違反がないこと
　　原告は，本件交差点を左折するに当たり時速9.6キロメートルまで減速し，前方左右について安全確認をしながら左折しており，実際に原告車両を使用して行った平成19年10月6日付け実況見分調書（乙9）に添付された写真からも明らかなように，原告が左折を開始した地点から，本件事故が発生するまでの間に，原告車両の構造上の死角や本件事故現場付近の暗さなどにより，原告車両の運転席に座っている原告の目の位置において，Ｇの姿を視認することはできなかったのであって，原告には安全運転義務違反はない。
　　また，午前2時30分ころという深夜に，駅から離れた人通りのない住宅街の道路上に人が横臥していることは通常予測しがたい極めて異常な事態であり，原告には，人が横臥していることを予見することはできなかったのであるから，原告には予見可能性も，結果回避可能性もない。
7　本件処分に手続上の違法があること
　　本件通知書及び本件処分書には，本件処分の根拠とされる原告の違反行為について「安全運転義務」という抽象的，一般的な記載しかなく，この記載からは原告のいかなる行為を問題としているのか読みとることが不可能であるから，上記各書面には，理由の付記に不備があり，いずれも違法である。
　　また，処分行政庁は，意見の聴取手続の際，ここは事実を争う場ではないとして，原告が提出した意見や証拠を十分に検討することなく本件処分を行っているから，意見の聴取手続は違法である。
8　よって，原告は，請求の趣旨記載のとおり，本件運転免許取消処分の取

第4章　運転免許をめぐる処分

消しを求める。

証　拠　方　法

甲第1号証	実況見分調書
甲第2号証	実況見分調書
甲第3号証	本件通知書
甲第4号証	本件処分書
甲第5号証	不起訴処分通知書

附　属　書　類

1	訴状副本	1通
2	甲号証写し	各1通
3	資格証明書	1通
4	訴訟委任状	1通

第5章 生活保護をめぐる処分

I はじめに

1 生活保護の現状

　生活保護は、失業者の増加や、高齢者世帯の増加による無年金者・低年金者の増加によって、その受給者数・総支給額ともに増加の一途をたどっている。また、生活保護費の不正受給が社会的な問題にもなり、社会的関心も高まっている。生活保護は国民全体の負担によって成り立っていることもあり、生活保護支給額の抑制や不正受給をなくすための制度改革などが議論されるようになり、運用においても生活保護の受給を受けることが困難になるような申請窓口での申請書不受理や、受給額の減額、生活保護の打切りなどの事態が想定される。

2 生活保護の目的

　生活保護法は、憲法25条が定める生存権の理念を直接具体化する法律であり、生活保護法の目的は、同法1条により、「日本国憲法25条に規定する理念に基き、国が生活に困窮するすべての国民に対し、この困窮の程度に応じ、必要な保護を行い、その最低限度の生活を保障するとともに、その自立を助長することを目的とする」と規定されている。
　そして、「すべて国民は、この法律の定める要件を満たす限り、この法律による保護……を、無差別平等に受けることができる」（生保2条）と規定し、無差別平等の原理を定めている。

3 適正な受給に向けて

　生活保護は、憲法で定められた生存権を直接具体化する制度である。そのため、生活保護制度の恣意的な運用による申請拒否、受給額の減額、打切りなどによって、生活保護制度が形骸化されてはならないのは当然である。生

活保護申請の不受理や生活保護費の不当な減額・不支給決定に対しては、適正な受給に向けて争うべきである。

Ⅱ 生活保護の内容

1 諸原則

(1) 申請保護の原則

　生活保護法は、「保護は、要保護者、その扶養義務者又はその他の同居の親族の申請に基いて開始するものとする」（同法7条本文）と規定し、申請保護の原則を定めている。しかし、要保護者が急迫した状況にあるときは、保護の申請がなくても、必要な保護を行うことができる（同条但書）。

(2) 補足性の原則

　生活保護法は、「保護は、厚生労働大臣の定める基準により測定した要保護者の需要を基とし、そのうち、その者の金銭又は物品で満たすことのできない不足分を補う程度において行うものとする」（同法8条1項）と規定し、また、「保護は、生活に困窮する者が、その利用し得る資産、能力その他あらゆるものを、その最低限度の生活の維持のために活用することを要件として行われる」（同法4条1項）と規定し、補足性の原則を定めている。

　補足性の原則とは、国民は自己責任により生活を維持するのが原則であり、それが不可能な場合に初めて生活保護がなされるという原則である。ただし、「急迫した事情がある場合」には、補足性を満たさなくても必要な保護を行うことは可能である（生保4条3項）。

　この補足性の原則により、後に要保護者が金銭を取得するなど生活状態が変更した場合には、その生活状態にあわせて生活保護の支給額を変更するという保護変更決定を行うことになる（生保25条2項）。

(3) 必要即応の原則

　生活保護法は、「保護は、要保護者の年齢別、性別、健康状態等その個人

又は世帯の実際の必要の相違を考慮して、有効且つ適切に行うものとする」（同法9条）と規定し、必要即応の原則を定めている。

　これは、勤労の能力があるにもかかわらず、ただ単に怠惰で勤労を怠っている者などにまで、機械的に無差別平等の原理を適用し生活保護を支給することは、生活保護法の目的に反することから、生活保護法の弾力的な運用のために定められた原則である。

(4) 世帯単位の原則

　生活保護法は、「保護は、世帯を単位としてその要否及び程度を定めるものとする」（同法10条）と定め、世帯単位の原則を定めている。

2 種　類

　生活保護の種類としては、①生活扶助、②教育扶助、③住宅扶助、④医療扶助、⑤介護扶助、⑥出産扶助、⑦生業扶助、⑧葬祭扶助がある（生保11条

1　生活扶助は、①衣食その他日常生活の需要を満たすために必要なもの、②移送、に掲げる事項の範囲内において行われる（生保12条）。
2　教育扶助は、①義務教育に伴って必要な教科書その他の学用品、②義務教育に伴って必要な通学用品、③学校給食その他義務教育に伴って必要なもの、に掲げる事項の範囲内において行われる（生保13条）。
3　住宅扶助は、①住居、②補修その他住宅の維持のために必要なもの、に掲げる事項の範囲内において行われる（生保14条）。
4　医療扶助は、①診察、②薬剤または治療材料、③医学的処置、手術およびその他の治療並びに施術、に掲げる事項の範囲内において行われる（生保15条）。
5　介護扶助は、介護保険法に規定する要介護者に対しては、①居宅介護（居宅介護支援計画に基づき行うものに限る）、②福祉用具、③住宅改修、④施設介護、⑤移送、に掲げる事項の範囲内において行い、要支援者に対しては、①介護予防（介護予防支援計画に基づき行うものに限る）、②介護予防福祉用具、③介護予防住宅改修、④移送、に掲げる事項の範囲内において行われる（生保15条の2第1項）。
6　出産扶助は、①分べんの介助、②分べん前および分べん後の処置、③脱脂綿、ガーゼその他の衛生材料、に掲げる事項の範囲内において行われる（生保16条）。
7　生業扶助は、①生業に必要な資金、器具または資料、②生業に必要な技能の習得、③就労のために必要なもの、に掲げる事項の範囲内において行われる。ただし、これによって、その者の収入を増加させ、またはその自立を助長することのできる見込みのある場合に限る（生保17条）。
8　葬祭扶助は、①検案、②死体の運搬、③火葬または埋葬、④納骨その他葬祭のために必要なもの、に掲げる事項の範囲内において行われる。また、ⓐ被保護者が死亡した場合において、その

1項)。これらの扶助は、要保護者の必要に応じ、単給または併給として行われ（同条2項）、このうち、金銭給付を原則とするもの（生活扶助、教育扶助、住宅扶助、出産扶助、生業扶助、葬祭扶助）と、現物給付を原則とするもの（医療扶助、介護扶助）とがある（同法31条〜37条）。

3 保護の水準

　生活保護法は、憲法25条1項が定める「国民の健康で文化的な最低限度の生活を営む権利」を具体化するものであるが、生活保護法には、「健康で文化的な最低限度の生活」の水準については何ら規定しておらず、単に「厚生労働大臣の定める基準により」（生保8条1項）と規定し、具体的な水準については厚生労働大臣に委ねている。

　そのため、厚生労働大臣により決定された生活保護の水準が、憲法25条1項が定める「健康で文化的な最低限度の生活」の水準を満たしているかどうかが問題となる。

Ⅲ　生活保護の手続と争い方

1 保護開始決定前

(1) 保護開始申請に対する却下決定

(ア) 手続

　保護の実施機関[9]は、要保護者、その扶養義務者またはその他の同居の親族等から保護の開始の申請があったときは、保護の要否、種類、程度および方法を決定し、申請者に対して、決定の理由を付した書面をもって、14日以内

　者の葬祭を行う扶養義務者がないとき、ⓑ死者に対しその葬祭を行う扶養義務者がない場合において、その遺留した金品で、葬祭を行うに必要な費用を満たすことのできないときには、その葬祭を行う者があるときは、その者に対して、葬祭扶助を行うことができる（生保18条）。

9　生活保護法は、保護の実施機関として、都道府県知事、市長および福祉事務所を管理する町村長、その管理に属する行政庁（福祉事務所長）の4種類を定めている（生保19条1項〜4項）。

に通知しなければならない（生保7条、24条1項～3項）。なお、保護の申請をしてから30日以内に前記通知がないときは、申請者は、保護の実施機関が申請を却下したものとみなすことができる（同法24条4項）。

(イ) 審査請求等

申請却下決定がなされた場合もしくは申請後30日以内に前記通知が行われない場合（生保24条1項～4項）には、審査請求（同法64条、65項）、再審査請求（生保66条）を行うことができる。また、新たな事情が生じたことを前提にして再申請することもできる。

(ウ) 保護申請却下処分取消しの訴え

生活保護法は審査請求前置主義を採用しているので（行訴8条1項ただし書、生保69条）、審査請求を行った後に、裁判所に対して申請却下処分の取消しの訴え（行訴3条2項、8条～35条）を提起することもできる。

判例 Check

○生活保護却下決定取消請求事件（大津地判平成24・12・18賃金と社会保障1584号60頁）

本件は、原告が大津市福祉事務所長に対して生活保護の開始を申請したが、原告が恩給担保貸付けを利用して借入れをして、受給中の恩給から返済していたことを理由に、福祉事務所長が本件申請を却下する決定をしたことから、原告がこれを不服として、同決定の取消しを求めた事案である。

判旨は、「本件申請当時、原告には処分可能な資産は存在せず、安定した収入は月額1万7750円の国民老齢基礎年金のみであり、同時点の大津市における原告と同年齢の一人世帯の最低生活費が10万0550円……であることにかんがみて……も、上記収入額から、原告の一人暮らしに最低限必要な食費、光熱費、住居費を支出することはほぼ不可能な状況にあったといえる。加えて、原告は高血圧症に罹患しており、その程度は軽度とはいい難く、降圧剤の服用を継続しなければ心血管障害や脳血管障害等の生命にかかわる重い疾患を生じる高度の危険性があるという状況にあった。……以上のとおり、本件申

請当時、原告には急迫した事情（（筆者注：生活保護）法4条3項）があったと認められ、補足性要件（同条1項）充足の有無に関わらず、福祉事務所長は、本件申請に基づいて保護を開始すべきであったといえるから、本件申請を却下した処分（本件却下決定）は違法というべきである」（下線筆者。以下同じ）と判示して、原告の請求を認めた。

なお、本件では被告が控訴したが控訴棄却されている（大阪高判平成25・6・11賃金と社会保障1593号61頁）。

(エ) 保護開始決定処分義務付けの訴え

生活保護の受給は緊急を要する場合がほとんどであり、申請却下決定処分の取消しの訴えを提起しても判決が出るまでに時間がかかり、また、申請却下決定処分が取り消されても当然には生活保護を受給できることにはならないので意味がない。そのため、保護開始決定の義務付け訴訟を上記取消訴訟と併合提起し（行訴3条6項2号、37条の3）、さらに、仮の義務付けの申立て（同法37条の5）を行うことが有効である。

判例 Check

○生活保護開始仮の義務付け申立事件（那覇地決平成21・12・22判タ1324号87頁）

本件は、申立人が処分行政庁に対し生活保護の開始を申請したところ、処分行政庁が本件申請を却下したため、申立人が、本件却下処分の取消訴訟とともに提起した処分行政庁が申立人に対して生活保護を開始して生活扶助等を支給することの義務付けの訴えを本案として、生活保護を開始して生活扶助等を支給することの仮の義務付けを求めた事案である。

決定は、償うことのできない損害を避けるための緊急必要性について、申立人は、本件申請時において、必要な生活費、家賃および医療費等に著しく不足する困窮状態にあり、本件申請時から生活保護が開始されることによって、生活扶助、住宅扶助および医療扶助が支給されなければ、申立人が健康で文化的な最低限度の生活水準を維持することができないという損害を被るおそれがあったと認められるとして、本決定時以降である平成21年12月以

第5章　生活保護をめぐる処分

降の生活扶助、住宅扶助および医療扶助については、これらが支給されないことによる損害を金銭賠償のみによって甘受させることが社会通念上著しく不合理であることは明らかであるとして、償うことのできない損害を避けるための緊急の必要性を認めた。また、申立人の医療機関に対する未払いの医療費に相当する医療扶助および申立人が家主に対して支払いを怠っている平成21年10月以降の家賃に相当する住宅扶助についても、その不支給が現在における申立人の急迫状況として継続している部分にあたるとして、償うことのできない損害を避けるための緊急の必要性を認めた。

しかし、それ以外の平成21年11月までの各扶助については、すでに経過した期間に要した扶助であり、金銭賠償のみによって甘受させることが社会通念上著しく不合理であるとまではいえないとして、償うことのできない損害を避けるための緊急の必要性は認められないとした。

また、本案について理由があるとみえることについても、本件では、処分行政庁が申立人の生活保護を開始しないことが、その裁量権の範囲を超えると認められるかが問題になるとしたうえで、申立人について、生活保護受給中に年金担保貸付けを受けたことがあり、本件廃止処分後に再度本件年金担保貸付けを受けたとして、本件申請を却下することは、処分行政庁が有する裁量権の範囲を超えるものと一応認められ、本案について理由があるとみえると判断し、本件申立てを一部認めた。

なお、相手方は即時抗告を行ったが棄却された（福岡高那覇支決平成22・3・19判タ1324号84頁）。

(2)　職権による開始決定・町村長による必要な保護

　保護の実施機関は、申請者からの申請がない場合であっても、要保護者が急迫した状況にあるときは、速やかに、職権をもって保護の種類、程度および方法を決定し、保護を開始しなければならない（生保25条1項）。また、町村長は、要保護者が特に急迫した事由により放置することができない状況にあるときは、速やかに、職権をもって応急的処置として、必要な保護を行わなければならない（同条3項、19条6項）。

2 保護開始決定後

(1) 申請による変更決定

㋐ 手続

　保護の実施機関は、被保護者、その扶養義務者またはその他の同居の親族等から保護の変更の申請があったときは、保護の要否、種類、程度および方法を決定し、申請者に対して、決定の理由を付した書面をもって、14日以内に通知しなければならない（生保24条5項、7条、24条1項～3項）。なお、保護の申請をしてから30日以内に前記通知がないときは、申請者は、保護の実施機関が申請を却下したものとみなすことができる（同法24条5項・4項）。

㋑ 争い方

　この場合にも、保護開始決定が却下された場合と同様に、審査請求、変更申請却下処分取消しの訴え、変更決定処分義務付けの訴えを提起することができる。

(2) 職権による変更決定

㋐ 手続

　保護の実施機関は、常に、被保護者の生活状況を調査し、保護の変更を必要とすると認めるときは、速やかに、職権をもってその決定を行い、決定の理由を付した書面をもって、これを被保護者に通知しなければならない（生保25条2項、24条2項）。なお、被保護者は、正当な理由がなければ、すでに決定された保護を、不利益に変更されることがない（同法56条）。

㋑ 審査請求等

　職権による変更決定がなされた場合も、保護開始決定が却下された場合と同様に審査請求を行うことができる。

㋒ 変更決定処分取消しの訴え、執行停止申立て

　審査請求を行った後に、裁判所に対して変更決定処分取消しの訴え（行訴3条2項、8条～35条）、執行停止申立てを行うことができる。

第5章　生活保護をめぐる処分

> **判例 Check**
>
> ○保護変更処分取消等請求事件（秋田地判平成5・4・23判時1459号48頁）
>
> 　本件は、生活保護を受けている原告の世帯が、収入認定された障害年金と生活保護費で蓄えた約81万円の預貯金を保有していることに対し、被告が、その預貯金の一部を収入認定して保護費を減額する保護変更処分をし、また、預貯金の一部についてその使途を弔慰の用途に限定する指導指示をしたことから、原告が保護変更処分の取消しと、指導指示の無効確認を求めた事案である。
>
> 　判旨は、「本件預貯金は、その源資が国が健康で文化的な最低限度の生活を維持させるために保有を許した金銭であり、その目的も生活保護費を支給した目的に反するものとはいえず、また、その額も国民一般の感情からして違和感を覚えるほど高額のものでないことは明らかであって、法（筆者注：生活保護法）の目的ないし趣旨に照らし、本件預貯金は全体として原告世帯に保有を許すべきもので法4条の活用すべき資産ないし法8条の金銭又は物品に当たるものとするのは相当でないといわざるを得ない。以上によれば、本件変更処分には、法56条の生活保護を不利益に変更すべき正当な理由があるといえないから、その余の点について判断するまでもなく、違法といわざるを得ず取消を免れない」として、保護変更処分を取り消した。

　(エ)　変更決定処分差止めの訴え、仮の差止めの申立て

　保護の実施機関が被保護者の生活状況を調査し、その結果、保護変更決定が行われそうになったときは保護変更決定処分差止めの訴え（行訴3条7項）、仮の差止めの申立て（同法37条の5第2項）を行うことが考えられる。この点、生活保護が最低限の生活を維持するための制度であることから、変更決定処分によって保護費が減額される場合には、通常、被保護者の生命・身体に取り返しのつかない重大な損害（「重大な損害を生ずるおそれ」（同法37条の4第1項））が生ずると考えられることから、保護変更処分が行われることが客観的にみて相当程度の蓋然性が認められるのであれば（「これがされよう

110

としている場合」(同法3条7項))、差止訴訟および仮の差止めの訴訟要件は満たされると考える。

(3) 保護の停止および廃止

(ア) 手続

保護の実施者は、被保護者が保護を必要としなくなったときは、速やかに、保護の停止または廃止を決定し、書面をもって、これを被保護者に通知しなければならない（生保26条）。

(イ) 争い方

この場合にも、職権による変更決定の場合と同様に、審査請求等、保護停止（廃止）処分取消しの訴え、保護停止（廃止）処分差止めの訴えを提起することが考えられる。

(4) 指導および指示

(ア) 手続

保護の実施機関は、被保護者に対して、生活の維持、向上その他保護の目的達成に必要な指導または指示をすることができる（生保27条）。被保護者は、保護の実施機関が必要な指導または指示をしたときは、これに従わなければならない。保護の実施機関は、被保護者が前記指導または指示に従わないときは、保護の変更、停止または廃止をすることができる（同法62条1項・3項）。

(イ) 指導・指示処分取消しの訴え

保護の実施機関が行った生活保護法27条に基づく指導および指示が行政処分にあたる場合には、指導・指示取消しの訴えを提起することができる。この点、前掲秋田地判平成5・4・23は、生活保護法27条による指導指示は、その内容を強制的に実現する手段が予定されているので、被保護者に一般的抽象的努力義務を課すにとどまらない指導指示は、抗告訴訟の対象となる行政処分であると判断している。

111

第 5 章　生活保護をめぐる処分

判例 Check

○保護変更処分取消等請求事件（前掲秋田地判平成 5・4・23）

　本件の事案は、108頁記載のとおりであり、保護変更処分の取消しと、指導指示の無効確認を求めた事案である。

　判旨は、本件指導指示の行政処分性について、「行政事件訴訟法3条にいう処分は、行政庁の公権力の行使といえる行為であって、個人の法律上の地位ないし権利関係に対し、直接に影響を及ぼすものをいうと解される。ところで、<u>法（筆者注：生活保護法。以下同じ）62条1項は、被保護者に対し、法27条1項に基づく指導指示に従うべき義務を課し、更に、被保護者の右義務違反に対しては保護実施機関が保護の変更、停止又は廃止という不利益処分を課する方法により右指導指示の内容を強制的に実現する手段が予定されていること（法62条3項）からすれば、右指導指示に従うべき義務は、被保護者が負う具体的な法的義務というべきであり、これを単なる一般的努力義務と解することはできない</u>」、「更に、被告は法27条に基づく指導指示は行政指導としての性格を持つとの主張をするが、本来、行政指導とは行政庁がその所管にかかる行政事務につき一定の行政目的を達成するために行う、非権力的方法としての勧告、警告等の事実的な行為を指称するものであるから、法27条に基づく指導指示のごとく、明文の法令の根拠に基づき、国民に一定の法的義務を課する行為がこれに含まれないことは明らかである」、「<u>もっとも、法27条に基づく指導指示であっても、場合によっては、その内容が被保護者に対し一般的抽象的に生活上の努力義務を課するにとどまることもあり得るし、その場合には、右指導指示に従うべき義務の性質が抽象的な努力義務となることもあり得る。</u>しかしながら、本件の場合についてこれを見るに、乙第7（本件指導処分の通知書の原案）によれば、本件指導指示の内容は、本件預貯金中45万7000円について弔慰の目的以外の支出を禁止するものであると認められるから、抽象的努力義務を定めたにすぎないとは到底いえない。以上によれば、<u>本件指導指示は原告の法律上の地位に直接影響を及ぼす行政処分ということができる</u>」と判示して行政処分性を認め、「本件指導指示は、何ら必要もなく、かつ、原告の意に反してなされたというべきであり、その結果原告世帯では本件預貯金のうち45万7000円の使途が弔慰の目的に限定さ

れるのであるから、本件指導指示には重大かつ明白な違法があり、無効というべきである」と判示した。

　　㈦　公法上の当事者訴訟

　前掲秋田地判平成5・4・23の判断を前提にすると、指導指示の内容が被保護者に対して一般的抽象的に生活上の努力義務を課するにとどまる場合には行政処分にあたらないことになる。その場合においても、生活保護法27条の指導指示は、「生活の維持、向上その他保護の目的達成に必要な」（同条1項）範囲に限られ、被保護者の自由を尊重し、必要の最小限度にとどめなければならない（同条2項）のであるから、その範囲を超える指導指示に対しては、27条に基づく指導指示を受ける義務がないことの確認を求める公法上の当事者訴訟を提起することが考えられる（行訴4条）。

　　㈣　生活保護法62条3項に基づく保護変更（停止または廃止）処分取消しの訴え

　被保護者が保護の実施機関からの指導または指示に従わないことを理由に保護の変更、停止または廃止処分を受けた場合にも、前記(3)と同様に、審査請求、保護停止（廃止）処分取消しの訴え、保護変更、（停止または廃止）処分差止めの訴えを提起することが考えられる。

判例 Check

○保護廃止決定処分取消請求事件（福岡地判平成10・5・26判時1678号72頁）

　本件は、生活保護を受けていた原告が、保護の実施機関である被告から、自動車の所有等を禁止した指示（本件指示）に違反したことを理由に保護廃止の処分（本件処分）を受けたのに対し、前記処分は違法であるとして、その取消しを求めた事案である。

　判旨は、被告が行った本件指示が生活保護法27条に基づく指示であり、違法性もなく、原告が本件指示に違反し、その後、被告が行った本件処分に手

続上の違法がないことを認定したが、本件処分の相当性については、「指示違反を理由に被保護者に不利益処分を課す場合には、被保護者の保護の必要性にも十分配慮する必要があり、特に保護の廃止処分は、被保護者の最低限度の生活の保障を奪う重大な処分であるから、違反行為に至る経緯や違反行為の内容等を総合的に考慮し、違反の程度が右処分に相当するような重大なものであることが必要であって、それに至らない程度の違反行為については、何らかの処分が必要な場合でも、保護の変更や停止などのより軽い処分を選択すべきである。……原告世帯の要保護性は高い上、本件処分の前提となる本件指示の態様及びその内容等に前記のとおりの問題があること、直接の違反行為自体の内容が自動車の借用による使用であって、しかもそのうちの一部については許容される余地もあること、近時自動車の普及率が著しく高まり、以前に比べると比較的身近な生活用品になってきていることなどの事情も考え併せると、原告の違反行為は直ちに廃止処分を行うべき程悪質なものとまでいうことはできず、保護の実施機関としては、処分に至るまでになお自動車使用に関する適切な指導を試み、又はこの際何らかの処分が必要であるとしても、保護の変更や停止といったより軽い処分を行うなどして、原告の規範意識の涵養に努める必要があったと考えられる。これらの事情を総合して判断すると、被告が原告に対し、平成5年10月時点で、直ちに最も重大な保護廃止処分を行ったことは重きに失し、処分の相当性において、保護実施機関に与えられた裁量の範囲を逸脱したものというべきであって、本件処分は違法な処分といわざるを得ない」として、本件処分を取り消した。

(5) 相談および助言の手続

保護の実施機関は、要保護者から求めがあったときは、要保護者の自立を助長するために、要保護者からの相談に応じ、必要な助言をすることができる（生保27条の2）。

(6) 調査および検診

(ア) 手続

保護の実施機関は、保護の決定または実施のため必要があるときは、要保護者の資産状況、健康状態その他の事項を調査するために、要保護者につい

Ⅲ　生活保護の手続と争い方

て、当該職員に、その居住の場所に立ち入り、これらの事項を調査させ、または当該要保護者に対して、保護の実施機関の指定する医師もしくは歯科医師の検診を受けるべき旨を命ずることができる（生保28条1項）。なお、要保護者が前記立入調査を拒み、妨げ、もしくは忌避し、または医師もしくは歯科医師の検診を受けるべき旨の命令に従わないときは、保護の開始もしくは変更の申請を却下し、または保護の変更、停止もしくは廃止をすることができる（同条4項）。

　　(イ)　争い方

　要保護者の資産状況、健康状態などを立入調査の方法によって調査する必要がないにもかかわらず、保護の実施機関が生活保護法28条1項の規定に基づいて住宅への立入調査や医師もしくは歯科医師の検診を受けるように命じてきたために、要保護者が立入調査を拒んだり検診を受けなかったりした場合、要保護者としては、その後に行われる保護開始・変更申請却下処分の取消しおよび保護開始・変更処分義務付けの訴えを提起し、もしくは保護変更・停止・廃止処分の差止めの訴えを提起することが考えられる。

【書式5】　訴状（生活保護処分取消事件）

訴　　　状

平成26年2月22日

那覇地方裁判所民事部　御中

原告訴訟代理人弁護士　　鈴　木　一　郎

〒900-8585　沖縄県那覇市泉崎1丁目2番3号

原　　　　　告　　佐　藤　一　子

〒101-0051　東京都千代田区丸の内八丁目8番8号

鈴木ビル10階　鈴木一郎法律事務所（送達場所）

原告訴訟代理人弁護士　　鈴　木　一　郎

電　話　03-1234-4321

115

FAX 03-1234-4322
〒900-8585 沖縄県那覇市泉崎1丁目1番1号
被　　告　　那　覇　市
上記代表者市長　田　中　一　郎

処分行政庁　那覇市福祉事務所長

請　求　の　趣　旨
1　処分行政庁が平成5年10月18日付でした原告に対する保護廃止決定を取り消す
2　訴訟費用は被告の負担とする
との判決を求める。

請　求　の　原　因
1　生活保護受給

原告は，平成2年1月1日，前夫甲野太郎（以下「太郎」という。）と離婚し，同年3月3日，原告を世帯主とした長女春子（昭和45年1月2日生），次女夏子（昭和47年2月5日生），長男一郎（昭和50年5月5日生）の4人により構成される世帯を被保護世帯として，那覇市福祉事務所長（以下「本件福祉事務所」という。）に生活保護申請をし，本件福祉事務所は，上記申請の日付で生活保護を開始した（以下「本件保護」という。）。

2　保護廃止決定

原告は，平成4年4月3日，自動車を運転していたところを原告世帯担当のケースワーカー田中三郎（以下「田中」という。）に現認され，同月6日を期日とする聴聞通知書を交付された。本件福祉事務所は，原告に対し，同月18日付けで，自動車の所有，借用及び仕事以外での運転を禁止する旨を記載した平成2年4月6日付文書（以下「本件指示」という。）に原告が違反したとして，平成4年11月11日をもって本件保護を廃止する旨の決定を行った（以下「本件処分」という。）。

3　審査請求

原告は，同年11月15日，沖縄県知事に対し，本件処分について審査請求をしたが，平成5年1月28日，右審査請求は棄却され，さらに，同年2月3日，厚生労働大臣に対し，本件処分について再審査請求をしたが，同年3月19日，

右再審査請求も棄却された。
4　本件指示が生活保護法27条に基づくものではないこと
　生活保護法27条の指示とは保護受給中における指示をいい，右指示違反を理由に被保護者に対して保護廃止等の処分をする場合には，まず口頭による指示を経た上で文書による指示がなされていることが必要である。
　ところが，本件指示は，本件保護の開始に際して，原告自身に直接関わりのない事項，すなわち原告が離婚する以前に生活保護を受給していた際の太郎に関する自動車使用等の事情をとらえてなされたものであるから，本件指示は保護開始に際して一般的注意事項を示したものにとどまり，法27条に基づく指示には当たらない。
　そうすると，原告に対して，保護廃止等の処分をするには，本件指示とは別に口頭及び文書の各指示を経ることが必要であったのに，原告に対する自動車使用に関するその後の指導は平成3年12月12日になされたにとどまり，前記各指示を経たものとはいえない。
5　本件指示が違法であること
　本件指示は，自動車の所有のみならず借用や運転まで禁止しているが，それには正当な理由がないから，本件指示は無効である。すなわち，法4条にいう「資産の活用」には，その資産を保有したまま利用する場合と，それを他人に譲渡するなどしてその対価を最低限度の生活の維持に役立てる場合とがあるが，換価性のないものは処分してもその資産が失われるだけで最低生活の維持にとっては意味がないことから，後者の方法による資産の活用が可能であるためには当該「資産」に換価性があることが必要である。
　しかし，借用した自動車には換価性がなく，これを貸主に返還しても最低限度の生活の維持にとっては意味がないから，借用自動車は法4条により活用を求められる資産には当たらない。所有と借用とは法的・質的に全く異なるものであるから，福祉行政においても両者を区別して扱うべきである。
　よって，本件指示は，原告に関する自動車使用の必要性等を検討しないまま，所有はもとよりあらゆる借用まで一律に禁止したもので，法27条の趣旨に反する。
6　本件指示違反の事実がないこと
　本件処分は，原告に本件指示違反の事実がないにもかかわらずなされたもので，処分理由を欠いている。すなわち，原告は，本件保護受給中に自動車

を所有したことはなく，借用も必要な場合に必要な限度でしたにすぎない。本件処分の契機となった平成4年4月3日は，原告が，その前日に那覇市在住の長女春子から体調が悪いとの訴えを受けたため，同人方を訪れて病院に連れていくため，松夫の自動車を借用して運転していたものである。

　よって，原告の自動車使用は遊興等のためのものではなく，これをもって本件処分の理由とすることはできない。

7　本件処分に手続上の違法があること

　保護の停廃止をするためには告知聴聞の機会を与えなければならず，具体的には，聴聞期日に先立って，予定される不利益処分の内容及びその原因となる事実，聴聞期日に出頭して意見を述べ証拠書類を提出できること等を書面により教示し，聴聞期日においては，当事者に十分意見を述べる機会を与えるとともに，保護実施機関に対して質問を発する機会を与えなければならない。

　しかるに，本件福祉事務所は，平成4年11月11日に，一方的に保護の廃止を通告するのみで，原告に対し，自動車使用した目的や維持費の負担の事情等について十分に意見を述べる機会を与えなかった。

　よって，本件処分は，適正な告知聴聞手続を欠くものとして憲法31条及び法62条4項に違反するものであり，前記違法が本件処分に影響を与えこれを誤らせたというべきである。

8　本件処分が相当性を欠くこと

　仮に原告に本件指示違反の事実が認められるとしても，この場合の不利益処分としては，原告として保護費を期間限定的に一部減額するに止め，それ以上に強い制裁が必要な場合でも期間限定的に保護を停止し，その間に更なる指導を行うべきであるところ，これらの手続をとることなく保護を廃止した本件処分は，非違行為との均衡から考えて著しく相当性を欠いている。

　また，被保護世帯の一員の非違行為を理由に保護を廃止する場合は，当該非違行為者を世帯分離して処分を課し，その他の世帯構成員の保護は継続すべきであるところ，本件処分は，原告の指示違反を理由として原告世帯の構成員全員に対する保護を廃止したもので違法である。

　本件処分により，原告世帯は，原告のパートによる収入のみで生活することを余儀なくされ，光熱費や家賃の支払も滞ってその生活は困窮を極めたものであり，右処分は過酷であって違法である。

9 結論

　以上から，本件福祉事務所が原告に対して保護廃止処分を行ったことは，保護実施機関に与えられた裁量の範囲を逸脱したものであって，本件処分は違法であり取り消されるべきである。

疎 明 資 料

（省略）

添 付 資 料

（省略）

【書式6】　仮の義務付け申立書（生活保護）

仮の義務付け申立書

平成26年2月22日

那覇地方裁判所民事部　御中

申立人訴訟代理人弁護士　　鈴　木　一　郎

申 立 の 趣 旨

1　処分行政庁は，平成26年2月1日付けで申立人に対してした生活保護申請却下処分に伴う本案事件（平成26年（行ウ）第1号・生活保護開始申請却下取消等請求事件のうち義務付けに係る部分）の第1審判決が言い渡されるまでの間，申立人に対し，以下のとおり，生活保護を仮に開始せよ
(1)生活扶助として，平成26年3月から毎月1日限り6万円を支払え
(2)住宅扶助として，平成26年3月から毎月1日限り3万円を支払え
(3)医療扶助として，平成26年3月から本決定の日までに要した医療費のうち，申立人の医療機関に対する未払部分に相当する金額を仮に支払い，本決定の日の翌日から仮に現物給付せよ
2　申立費用は相手方の負担とする
との決定を求める。

第5章 生活保護をめぐる処分

申 立 の 原 因

1 償うことのできない損害を避けるための緊急の必要性
 (1) 申立人の経歴
　申立人は，昭和11年2月生まれの73歳の女性であり，夫とは死別している。子（いずれも成人）は3名おり，うち2名は沖縄県に住んでいるが，申立人とは別に暮らしている。申立人は，生活保護受給開始時（平成8年6月）から一人暮らしである（疎甲1）。
 (2) 生活保護受給に至る経緯
　申立人は，清掃員として稼働するなどしていたが，転倒して右足を怪我して入院し，働けなくなり，平成8年6月28日から生活保護が開始され，生活扶助，住宅扶助及び医療扶助を受給していた（疎甲1）。申立人は，糖尿病を患っており，平成8年以降，沖縄共同病院に通院していた。
 (3) 生活保護受給廃止に至る経緯
　申立人は，生活保護受給中の平成13年5月11日に年金担保貸付を受けたことが発覚し，処分行政庁に対し，年金担保貸付を受けない旨の誓約書を提出するなどした。このほか，申立人は，生活保護受給中も，家賃の滞納をしたり，金銭の借入れやその返済を行うなどし，処分行政庁により，複数回にわたり，口頭での指導や文書での指示を受けるなどしていた（疎甲1，2）。平成20年12月1日，申立人に対する生活保護（生活扶助，住宅扶助及び医療扶助）が廃止された。同廃止決定通知書には，廃止理由の記載はなかった。
 (4) 生活保護申請却下に至る経緯
　申立人は，平成21年1月7日，処分行政庁に対し，生活保護申請をしたが，同月19日，保護費を借金返済に充てることを確認したため，との理由によって，同申請は却下された。
　申立人は，平成21年2月13日，独立行政法人福祉医療機構に年金担保貸付の申込をし，同年3月18日，35万円の年金担保貸付を受けた。申立人は，平成21年6月1日，処分行政庁に対し，生活保護申請をしたが，同月22日，年金担保貸付を受け，現在受給中の年金から返済を行っていることが判明したため，との理由により，同申請は却下された。申立人は，上記却下処分を不服として，平成21年8月21日，沖縄県知事に対し審査請求をしたが，同年11月5日，同審査請求は棄却された。

(5) 現在の申立人の状況

　申立人は，現在，厚生年金として支給される月額2万6000円余りの金員に加え，空き缶等の回収による収入及び子らによる援助を受けているが，空き缶等の回収による収入は安定していない上，2ヶ月で1000円程度にしかならず，また，子らによる援助も月に1万円程度が限度であり（疎甲4），友人等の援助も期待することができず，申立人の生活費，家賃及び罹患している糖尿病の治療に掛かる医療費等に著しく不足している（疎甲1，3）。

　そのため，申立人は，必要な生活費，家賃及び医療費等に著しく不足する困窮状態にあり，生活保護によって生活扶助，住宅扶助及び医療扶助が支給されなければ，申立人が健康で文化的な最低限度の生活水準を維持することができないという損害を被ることは明らかである。そして，申立人の年齢や健康状態等も考慮すれば，遅くとも平成21年12月以降の生活扶助，住宅扶助及び医療扶助については，これらが支給されないことによる損害を金銭賠償のみによって甘受させることが社会通念上著しく不合理であることは明らかであり，償うことのできない損害を避けるための緊急の必要性がある。

2　本案について理由があるとみえること

　生活保護法は，資産や能力等を活用してもなお困窮状態にあることを保護の要件とするものであるが（生活保護法4条1項），同要件も，申請者に対して不可能又は著しく困難な活用を強いるものとは解されないものであって，同要件を適用するに当たっては，保護を必要とし，生活保護を申請する者のおかれた状況や，金銭管理能力を含めた同人の能力等も勘案しながら，その者の資産や能力を活用していないものといえるか否かを検討すべきである。

　この点，申立人は，上記1記載のとおり，急迫状況にあり困窮していたことは明らかであり，申立人が年金担保貸付を受けた理由も生活保護受給が廃止されたことによるものであり，生活保護が開始される目途もなかったことからすれば，申立人が生活保護受給前に年金担保貸付を利用したことについては，社会通念上，真にやむを得ない状況にあったことは明らかである。

　よって，申立人について，生活保護受給中に年金担保貸付を受けたことがあり，生活保護受給廃止処分後に再度年金担保貸付を受けたとして，本件申請を却下することは，処分行政庁が有する裁量の範囲を超えるものであり，本案について理由があると見える。

3 公共の福祉に重大な影響を及ぼすおそれの不存在
　申立人が生活保護受給の仮の義務付け決定を受けても，申立人が本案の第1審判決が言い渡されるまでの間，生活保護を受給するだけであって，公共の福祉に重大な影響を及ぼすおそれが存在しないことは明らかである。
4　よって，申立人は，申立の趣旨記載のとおり，仮の義務付けを申し立てる。

疎 明 資 料

(省略)

添 付 資 料

(省略)

当事者目録

〒900-8585　沖縄県那覇市泉崎一丁目2番3号
　　　　　　　　　　申　立　人　佐　藤　一　子

〒101-0051　東京都千代田区丸の内八丁目8番8号
　　　　　　　　　鈴木ビル10階　鈴木一郎法律事務所（送達場所）
　　　　　　　　　申立人訴訟代理人弁護士　　鈴　木　一　郎
　　　　　　　　　　　　　　　　　電　話　03-1234-4321
　　　　　　　　　　　　　　　　　ＦＡＸ　03-1234-4322

〒900-8585　沖縄県那覇市泉崎一丁目1番1号
　　　　　　　　　相　　手　　方　　那　覇　市
　　　　　　　　　上記代表者市長　　田　中　一　郎

処分行政庁　那覇市福祉事務所長

第6章

入国管理をめぐる処分

I　はじめに

1　在留外国人

(1)　適法な在留外国人

　日本に在留する外国人には、①観光や出張などの短期滞在が目的で在留している外国人、②通訳や調理師などの仕事をする目的で長期間在留している外国人、③日本人の配偶者として長期間在留している外国人、④特別に定住や永住が認められた外国人などがいる。上記外国人は、いずれも出入国管理及び難民認定法（以下、「入管法」という）に定められた在留資格（入管19条、別表第1・第2）を有しており、適法に日本に在留する外国人である。なお、在留資格には、それぞれ在留期間が定められており（同法2条の2第3項、同法施行規則3条、別表第2）、在留期間を超えて在留を希望する外国人は、在留期間の更新手続を行うか（同法21条）、新たに別の在留資格を取得する必要がある（同法20条）。

　そのため、適法に在留している外国人の入国管理における最大の関心事は、①在留期間の更新ができるかどうか、もしくは、新たに別の在留資格を取得できるか、②退去強制事由に該当する行為を行うことによって在留資格が取り消されないかどうかである。

(2)　不法な在留外国人

　他方、日本に在留する外国人には、①密入国のように適法な入国手続を経ずに在留している不法入国者、②当初は適法に在留していたが、在留期間が過ぎたにもかかわらず在留している外国人（いわゆるオーバステイ）もいる。また、適法な在留期間中に犯罪や売春などを行うなどの退去強制事由（入管24条）に該当する行為を行ったために在留資格を取り消された外国人も不法な在留外国人にあたる。

　上記外国人は、摘発されれば、いずれも不法入国（入管70条1項1号、3

条）ないし不法在留（同法70条1項5号）として刑事罰を受けたうえで、強制退去となる。ただし、一定の場合には、法務大臣によって特別に在留を許可される場合がある（在留特別許可。同法50条1項4号）。そのため、摘発された外国人の最大の関心事は、どのような刑事罰を受けるかということのほかに、在留特別許可を得ることができるかどうかである。

2 入国管理関係事件を扱うために

(1) 適法な在留外国人の場合

　適法に在留する外国人について入国管理関係事件を扱う場合には、①在留期間の更新手続を代行すること、②新たに別の在留資格を取得する手続を代行すること、③在留期間更新や新たな在留資格を取得することができなかった場合の弁護活動を行うこと、④退去強制事由に該当するかどうかが問題となった場合の弁護活動を行うことが考えられる。

　上記①、②の代行業務、③の弁護活動を行うためには、在留期間更新や新たな在留資格取得の要件、必要書類を知る必要がある。上記④の弁護活動を行うためには、どのような退去強制事由があるのかを正確に把握する必要がある。なお、退去強制事由該当性が問題となる場合、通常は、その外国人の刑事弁護活動を行いながら、退去強制事由該当性に関する弁護活動も並行して行うことになる。

　たとえば、①外国人が薬物関連の犯罪で逮捕勾留されている場合、その外国人が薬物関連犯罪で有罪判決を受けて確定すれば退去強制事由に該当し、執行猶予を受けたかどうかは関係ない（入管24条4号チ）。他方、②外国人が外国人登録に関する法令の規定に違反して禁固以上の刑に処せられた場合には、執行猶予を受ければ退去強制事由には該当しない（同号ヘ）。また、外国人が売春関連犯罪で逮捕勾留されている場合、売春などに直接関連する業務に従事していたことが明らかになれば退去強制事由に該当し、売春関連犯罪で刑事罰を受けたかどうかは関係ない（同号ヌ）。

(2) 不法な在留外国人の場合

 他方、不法に在留する外国人について入国管理関係事件を扱う場合には、①不法入国や不法滞在の刑事事件について弁護活動を行うこと、②在留特別許可を得るための活動を行うことが考えられる。その場合、通常は、裁判所で刑事手続を経た後に、入国管理局に送致されて退去強制手続を行うことになる。在留特別許可は、退去強制手続の一環としてその諾否が判断される。

(3) 退去強制を止めるために

 入国管理局によって退去強制処分がなされた場合、強制退去を止めるためには、訴訟において、退去強制処分取消訴訟を提起する必要がある。その場合、訴訟係属中に強制退去されることを防ぐために、訴訟提起と同時に退去強制処分執行停止の申立ても行う必要がある（行訴25条2項）。そして、訴訟において、退去強制事由に該当しないことや、特に在留を許可すべき事情があることを主張・立証することになる。

 なお、強制退去を止めるためには、上記のように退去強制処分取消訴訟と退去強制処分執行停止の申立てをあわせて行うことが一般的であり、それ以外に、差止訴訟や仮の差止めの申立てなどを行うことは、実益もなくほとんど行われていない。

(4) 本章の目的

 本章では、以上のような活動に資するために、入国管理制度として、①在留資格にはどのようなものがあるか、②退去強制事由にはどのようなものがあるか、③退去強制手続はどのように行われるか、④在留特別許可はどのような場合に認められるか、の概説を行い、入国管理における争訟手段として、⑤在留期間更新不許可処分取消訴訟、在留資格変更不許可処分取消訴訟、退去強制処分取消訴訟および退去強制処分執行停止の申立てに関する書式例、裁判例を紹介する。

Ⅱ 入国管理制度

1 在留資格

　外国人が日本に入国し在留するためには、入管法に定められた在留資格を有していなければならない（入管2条の2第1項）。在留資格とは、外国人が日本に入国・在留して特定の活動を行うことができる法的地位、もしくは外国人が有する地位に基づいて日本において活動を行うことができる法的地位をいう。

　在留資格の種類は〈表3〉〈表4〉のとおりであり、具体例として、中国人の料理人が日本の中華料理店で調理師として働く場合には「技能」の在留資格が必要であり、外国人が通訳として日本で働く場合には「人文知識・国際業務」の在留資格、外国人が日本の大学に留学する場合には「留学」の在留資格が必要となる。なお、〈表3〉に記載されている在留資格は、日本において特定の活動を行うことができる地位としての在留資格（入管別表第1）であって、在留資格以外の収入や報酬を得る活動を行うことはできない。そのため、「人文知識・国際業務」の在留資格を有している外国人が日本において清掃業務などの単純労働を行ったり、「留学」の在留資格を有している外国人がクラブのホステスなどの仕事を行ったりすることは資格外活動として許されず、資格外活動をもっぱら行っていることが明らかな者（同法24条4号イ）は退去強制事由の1つであるから、在留資格が取り消されるおそれがある。ただし、あらかじめ資格外活動許可（同法19条2項）を取得していれば、その許可の範囲内で資格外活動を行うことは適法である。そのため、外国人留学生が資格外活動許可を得てコンビニエンスストアや居酒屋でアルバイトを行うことは適法である。

　他方、在留資格の中には、〈表4〉に記載されているように、日本人の配偶者が取得できる「日本人の配偶者等」、法務大臣が特別な理由を考慮し一

定の在留期間を指定して居住を認める「定住者」などのように、外国人が有する一定の地位に基づいて取得できる在留資格（入管別表第2）もある。これらの在留資格は、日本において特定の活動に制限されることはないので、クラブのホステスや単純労働を行うことも自由である。ただし、当然であるが退去強制事由に該当する行為を行うことはできない。

〈表3〉 在留資格一覧表──日本において特定の活動を行うことができる地位としての在留資格

在留資格	本邦において行うことができる活動	該当例	在留期間
外交	日本国政府が接受する外国政府の外交使節団もしくは領事機関の構成員、条約もしくは国際慣行により外交使節と同様の特権および免除を受ける者またはこれらの者と同一の世帯に属する家族の構成員としての活動	外国政府の大使、公使、総領事、代表団構成員等およびその家族	外交活動の期間
公用	日本国政府の承認した外国政府もしくは国際機関の公務に従事する者またはその者と同一の世帯に属する家族の構成員としての活動（この表の外交の項に掲げる活動を除く）	外国政府の大使館・領事館の職員、国際機関等から公の用務で派遣される者等およびその家族	5年、3年、1年、3月、30日または15日
教授	本邦の大学もしくはこれに準ずる機関または高等専門学校において研究、研究の指導または教育をする活動	大学教授等	5年、3年、1年または3月
芸術	収入を伴う音楽、美術、文学その他の芸術上の活動（この表の興行の項に掲げる活動を除く）	作曲家、画家、著述家等	5年、3年、1年または3月
宗教	外国の宗教団体により本邦に派遣された宗教家の行う布教その他の宗教上の活動	外国の宗教団体から派遣される宣教師等	5年、3年、1年または3月

Ⅱ　入国管理制度

報道	外国の報道機関との契約に基づいて行う取材その他の報道上の活動	外国の報道機関の記者、カメラマン	5年、3年、1年または3月
投資・経営	本邦において貿易その他の事業の経営を開始しもしくは本邦におけるこれらの事業に投資してその経営を行いもしくは当該事業の管理に従事しまたは本邦においてこれらの事業の経営を開始した外国人（外国法人を含む。以下この項において同じ）もしくは本邦におけるこれらの事業に投資している外国人に代わってその経営を行いもしくは当該事業の管理に従事する活動（この表の法律・会計業務の項に掲げる資格を有しなければ法律上行うことができないこととされている事業の経営もしくは管理に従事する活動を除く）	外資系企業等の経営者・管理者	5年、3年、1年または3月
法律・会計業務	外国法事務弁護士、外国公認会計士その他法律上資格を有する者が行うこととされている法律または会計に係る業務に従事する活動	弁護士、公認会計士等	5年、3年、1年または3月
医療	医師、歯科医師その他法律上資格を有する者が行うこととされている医療に係る業務に従事する活動	医師、歯科医師、看護師	5年、3年、1年または3月
研究	本邦の公私の機関との契約に基づいて研究を行う業務に従事する活動（この表の教授の項に掲げる活動を除く）	政府関係機関や私企業等の研究者	5年、3年、1年または3月
	本邦の小学校、中学校、高等学校、中等教育学校、特別支援学		

129

教育	校、専修学校または各種学校もしくは設備および編制に関してこれに準ずる教育機関において語学教育その他の教育をする活動	中学校・高等学校等の語学教師等	5年、3年、1年または3月
技術	本邦の公私の機関との契約に基づいて行う理学、工学その他の自然科学の分野に属する技術または知識を要する業務に従事する活動（この表の教授の項、投資・経営の項、医療の項から教育の項まで、企業内転勤の項および興行の項に掲げる活動を除く）	機械工学等の技術者	5年、3年、1年または3月
人文知識・国際業務	本邦の公私の機関との契約に基づいて行う法律学、経済学、社会学その他の人文科学の分野に属する知識を必要とする業務または外国の文化に基盤を有する思考もしくは感受性を必要とする業務に従事する活動（この表の教授の項、芸術の項、報道の項、投資・経営の項から教育の項まで、企業内転勤の項および興行の項に掲げる活動を除く）	通訳、デザイナー、私企業の語学教師等	5年、3年、1年または3月
企業内転勤	本邦に本店、支店その他の事業所のある公私の機関の外国にある事業所の職員が本邦にある事業所に期間を定めて転勤して当該事業所において行うこの表の技術の項または人文知識・国際業務の項に掲げる活動	外国の事業所からの転勤者	5年、3年、1年または3月
興行	演劇、演芸、演奏、スポーツ等の興行に係る活動またはその他の芸能活動（この表の投資・経	俳優、歌手、ダンサー、プロスポーツ選手等	3年、1年、6月、3月または15日

	営の項に掲げる活動を除く）		
技能	本邦の公私の機関との契約に基づいて行う産業上の特殊な分野に属する熟練した技能を要する業務に従事する活動	外国料理の調理師、スポーツ指導者、航空機等の操縦者、貴金属等の加工職人等	5年、3年、1年または3月
技能実習	1号 イ　本邦の公私の機関の外国にある事業所の職員または本邦の公私の機関と法務省令で定める事業上の関係を有する外国の公私の機関の外国にある事業所の職員がこれらの本邦の公私の機関との雇用契約に基づいて当該機関の本邦にある事業所の業務に従事して行う技能等の修得をする活動（これらの職員がこれらの本邦の公私の機関の本邦にある事業所に受け入れられて行う当該活動に必要な知識の修得をする活動を含む） ロ　法務省令で定める要件に適合する営利を目的としない団体により受け入れられて行う知識の修得および当該団体の策定した計画に基づき、当該団体の責任および監理の下に本邦の公私の機関との雇用契約に基づいて当該機関の業務に従事して行う技能等の修得をする活動 2号 イ　1号イに掲げる活動に従事して技能等を修得した者が、当該技能等に習熟するため、法務大臣が指定する本邦の公私の機	技能実習生	1年、6月または法務大臣が個々に指定する期間（1年を超えない範囲）

技能実習	関との雇用契約に基づいて当該機関において当該技能等を要する業務に従事する活動 ロ　収入を伴わない学術上もしくは芸術上の活動またはわが国特有の文化もしくは技芸について専門的な研究を行いもしくは専門家の指導を受けてこれを修得する活動（この表の留学の項から研修の項までに掲げる活動を除く）		
文化活動	収入を伴わない学術上もしくは芸術上の活動またはわが国特有の文化もしくは技芸について専門的な研究を行いもしくは専門家の指導を受けてこれを修得する活動（この表の留学の項から研修の項までに掲げる活動を除く）	日本文化の研究者等	3年、1年、6月または3月
短期滞在	本邦に短期間滞在して行う観光、保養、スポーツ、親族の訪問、見学、講習または会合への参加、業務連絡その他これらに類似する活動	観光客、会議参加者等	90日もしくは30日または15日以内の日を単位とする期間
留学	本邦の大学、高等専門学校、高等学校（中等教育学校の後期課程を含む）もしくは特別支援学校の高等部、専修学校もしくは各種学校または設備および編制に関してこれらに準ずる機関において教育を受ける活動	大学、短期大学、高等専門学校および高等学校等の学生	4年3月、4年、3年3月、3年、2年3月、2年、1年3月、1年、6月または3月
研修	本邦の公私の機関により受け入れられて行う技術、技能または知識の修得をする活動（この表	研修生	1年、6月または3月

132

	の技能実習1号および留学の項に掲げる活動を除く)		
家族滞在	この表の教授から文化活動までの在留資格をもって在留する者（技能実習を除く）またはこの表の留学の在留資格をもって在留する者の扶養を受ける配偶者または子として行う日常的な活動	在留外国人が扶養する配偶者・子	5年、4年3月、4年、3年3月、3年、2年3月、2年、1年3月、1年、6月または3月
特定活動	法務大臣が個々の外国人について特に指定する活動	高度研究者、外交官等の家事使用人、ワーキング・ホリデー、経済連携協定に基づく外国人看護師・介護福祉士候補等	5年、4年、3年、2年、1年、6月、3月または法務大臣が個々に指定する期間（1年を超えない範囲）

〈表4〉 在留資格一覧表——外国人が有する一定の地位に基づいて取得できる在留資格

在留資格	本邦において有する身分または地位	該当例	在留期間
永住者	法務大臣が永住を認める者	法務大臣から永住の許可を受けた者（入管特例法の「特別永住者」を除く）	無期限
日本人の配偶者等	日本人の配偶者もしくは民法（明治29年法律第89号）第817条の2の規定による特別養子または日本人の子として出生した者	日本人の配偶者・実子・特別養子	5年、3年、1年または6月

永住者の配偶者等	永住者の在留資格をもって在留する者もしくは特別永住者（以下「永住者等」と総称する）の配偶者または永住者等の子として本邦で出生しその後引き続き本邦に在留している者	永住者・特別永住者の配偶者およびわが国で出生し引き続き在留している実子	5年、3年、1年または6月
定住者	法務大臣が特別な理由を考慮し一定の在留期間を指定して居住を認める者	インドシナ難民、日系3世、中国残留邦人等	5年、3年、1年、6月または法務大臣が個々に指定する期間（5年を超えない範囲）

2 退去強制事由

　上記のように適法な在留資格を有する外国人であっても、入管法で定められた退去強制事由に該当する行為を行った場合には、在留資格を取り消されることになる（入管24条）。退去強制事由の内容は、〈表5〉のとおりである。

　退去強制事由の中で特に重要なものとしては、オーバーステイ（入管24条4号ロ）、薬物関連での有罪判決確定者（同号チ）、入管法24条4号ニからチ以外の犯罪における1年を超える実刑判決確定者（同号リ）、売春直接関連業務従事者（同号ヌ）、財産犯、粗暴犯（一部）等による有罪判決確定者（同条4号の2）などである。オーバーステイの要件は比較的わかりやすいが、それ以外の上記退去強制事由は、いずれも犯罪として摘発されるような行為でありながら、刑事罰を受けなくても退去強制事由に該当するものから、執行猶予を受ければ退去強制事由には該当しないもの、在留資格の種類によって異なるものまで要件が細かく分かれているので、退去強制事由に該当するかどうかは入念に確認していただきたい。

Ⅱ 入国管理制度

〈表5〉 退去強制事由一覧表

不法入国者	入管24条1号	偽造旅券や有効期限を過ぎている旅券など有効な旅券を所持せず入国した（日本の領海・領空に入った）者や有効な旅券を所持しているが、正規の上陸手続を受けずに上陸する目的を有して入国した（日本の領海・領空に入った）者
不法上陸者	入管24条2号	入国審査官の上陸許可を受けずに上陸した者
在留資格取消者	入管24条2号の2	在留資格取消しを受け、出国猶予期間を付与されなかった者……上陸拒否事由非該当性を偽って上陸許可・上陸特別許可を受ける、または、在留資格該当性を偽り上陸許可証印を受けたり、在留資格変更許可・在留期間更新許可・永住許可・在留資格取得許可を受けて在留資格を取り消された者
在留資格取消制度	入管24条2号の3	在留資格取消しを受け、出国猶予期間を付与された者……在留資格を取り消され、30日を超えない範囲内で出国するために必要な期間の指定を受けた者で、この期間を経過して不法に残留する者
不法入国等援助者	入管24条3号	他の外国人に不正に在留資格認定証明書・上陸許可・上陸特別許可・在留特別許可を受けさせる目的で、文書・図画の偽変造、虚偽文書・図画作成、およびそれらの行使・所持・提供、またはこれらの行為を教唆し、助けた者
テロリスト等	入管24条3号の2	テロ（公衆等脅迫目的の犯罪）行為、テロの予備行為またはテロ行為の実行を容易にする行為を行うおそれがあると認めるに足りる相当の理由がある者として法務大臣が認定する者
	入管24条3号の3	国際約束により本邦への入国を防止すべきものとされているテロリスト等
		次のいずれかの行為をし、教唆し、助けた者 イ 事業活動に関し、資格外活動または不法入国者、不法上陸者、在留資格を取り消された者、

不法就労助長行為	入管24条3号の4	在留資格を取り消され指定期間を経過して残留する者、その他不法残留者に不法就労活動をさせること。 ロ 外国人に不法就労活動をさせるために自己の支配下におくこと。 ハ 業として、外国人に不法就労活動をさせる行為またはロに規定する行為に関しあっせんすること。
在留カード、特別永住者証明書の偽造・変造等	入管24条3号の5	次のいずれかの行為をし、教唆し、助けた者 イ 行使目的で、在留カード・特別永住者証明書を偽造・変造、または偽造・変造の在留カード・特別永住者証明書を提供・収受・所持すること。 ロ 行使目的で、他人名義の在留カード・特別永住者証明書を提供・収受・所持、または自己名義の在留カードを提供すること。 ハ 偽造・変造の在留カード・特別永住者証明書または他人名義の在留カード・特別永住者証明書を行使すること。 ニ 在留カード・特別永住者証明書の偽造・変造の用に供する目的で、器械または原料を準備すること。
専従資格外活動者	入管24条4号イ	資格外活動許可を受けないで、在留資格の活動以外の事業運営活動、報酬を受ける活動をもっぱら行っていると明らかに認められる者(人身取引等により他人の支配下におかれている者を除く)
不法残留者	入管24条4号ロ	在留期間更新または変更を受けないで在留期間を経過して残留する者
人身取引加担者	入管24条4号ハ	人身取引等を行い、唆し、またはこれを助けた者 処罰を受けている受けていないに関係なく退去強制できる。
	入管24条4号ニ	旅券法上の虚偽申請等に関する罪により刑を言い渡した判決が確定した者

刑罰法令違反者	入管24条4号ホ	集団密入国等を助長・援助し、刑に処せられた者
	入管24条4号ヘ	資格外活動許可を受けないで、在留資格の活動以外の事業運営活動、報酬を受ける活動を行った非専従資格外活動者で禁錮以上の刑に処せられた者
	入管24条4号ト	未成年で、少年法の不定期刑を言い渡すべき場合に、長期が3年を超える懲役または禁錮に処せられた者（不定期刑……「懲役1年〜3年」というように刑期を特定せず、受刑中の更正を考慮して刑を終了する。この場合長期は3年）
	入管24条4号チ	麻薬・大麻・覚醒剤等にかかわる取締法令違反により有罪判決（執行猶予付含む）を受けた者
	入管24条4号リ	上記以外で、無期または1年を超える懲役または禁錮の実刑に処せられた者 ただし、執行猶予の言い渡しを受けた者を除く
売春関係業務従事者	入管24条4号ヌ	売春に従事する者、売春の周旋・勧誘・場所の提供・その他売春に直接関係のある業務に従事する者
不法入国助長等	入管24条4号ル	不法入国・不法上陸助長・援助者
暴力主義的・無政府主義的破壊活動関係者	入管24条4号オ	日本政府を暴力で破壊することを企て・主張する者またはその主張する団体結成・団体加入している者
	入管24条4号ワ	公務員への暴力、公共施設の破壊、工場事業場の安全を脅かすなどを勧奨する政党・その他団体結成・加入する者
	入管24条4号カ	上記政党・団体目的を達成するための印刷物・映画・文書図書を作成し、頒布・展示する等の宣伝活動
	入管24条4号ヨ	利益公安条項該当者……入管法24条4号イ〜4号カの者以外で、法務大臣が日本の利益・公安を害する行為を行ったと認定する者

刑罰法令違反者	入管24条4号の2	判決確定時の在留資格が活動資格の者対象（「日本人の配偶者等」などの身分資格は対象外）：住居を侵す罪、通貨・文書・有価証券・印章偽造の罪、支払い用カード電磁的記録に関する罪、賭博、殺人、傷害、逮捕・監禁、略取・誘拐・人身売買、窃盗・強盗、詐欺恐喝の罪、盗品に関する罪により懲役または禁錮に処せられた者（執行猶予付含む）
国際競技会等関連不法行為	入管24条4号の3	短期滞在対象：国際競技会等経過・結果に関連して、または妨害目的で、殺傷・暴行・脅迫・建造物破壊をした者（フーリガン対策）
刑罰法令違反者	入管24条4号の4	住所地届出義務違反・虚偽の届出・在留カード更新義務違反等により懲役に処せられた者
仮上陸条件違反者	入管24条5号	仮上陸許可に際して付した住居・行動範囲制限、呼出しに対する出頭義務その他条件に違反した者
退去命令違反者	入管24条5号の2	上陸を許可されず退去命令を受けた者で遅滞なく退去しない者
不法残留者	入管24条6号	寄港地上陸・通過上陸・乗員上陸・緊急上陸・遭難上陸・一時庇護上陸許可の特別上陸許可の上陸期間を超えて残留する者
	入管24条6号の2	乗員上陸許可を取り消す場合に指定する期間を超えて残留する者
	入管24条7号	出生・国籍離脱等で上陸手続を経ないで在留することとなる外国人が60日を過ぎて、在留資格未取得で残留する者
	入管24条8号	出国命令に付された出国期限を経過して日本に残留する者
出国命令取消者	入管24条9号	行動範囲の逸脱など出国命令に付与された条件に違反して出国命令を取り消された者
難民認定取消者	入管24条10号	不正手段で難民認定を受けたことが判明した者、難民欠格事由非該当を理由に難民認定を取り消された者

3 退去強制手続

入国管理局が退去強制事由に該当すると思われる外国人を発見した場合には、その外国人について退去強制手続が開始される(入管27条)。退去強制手続は、全件収容主義であるが、一定の場合には仮放免が行われて在宅で手続が進むこともある(同法54条)。収容先は、警察署の留置場や拘置所ではなく、原則として入国管理局の収容所である(同法41条2項)。

退去強制手続の主な流れは、〔図3〕のとおりである。すなわち、まず、①入国警備官による違反調査(入管27条〜30条)と、②収容令書による外国人の収容(同法39条、41条、44条)が行われ、③入国審査官による違反審査(同法45条)、④特別審理官による口頭審理(同法48条)、⑤法務大臣の裁決(同法49条1項)という流れで行われる。上記の違反調査、違反審査、口頭審理という複数のチェックによって退去強制事由該当性が慎重に判断される。また、法務大臣の裁決によって在留特別許可を与えるべきかどうかが判断される。

上記の手続において、在留特別許可に関して特に重要な手続が特別審理官による口頭審理である。在留特別許可の判断は、法務大臣の裁決によって行われるが、その判断の資料は特別審理官の口頭審理までに収集された資料によって判断するので、口頭審理の時までに在留特別許可を得るために必要と思われる資料を積極的に特別審理官に提出する必要がある。

4 在留特別許可

外国人に退去強制事由が認められても、法務大臣による在留特別許可(入管50条1項3号)が認められれば、外国人は、「日本人の配偶者等」や「定住者」などの在留資格を与えられ、日本で在留を続けることができる。在留特別許可が与えられる基準について、入管法は、「その他法務大臣が特別に在留を許可すべき事情があると認めるとき」(同法50条1項4号)と定めるのみ

第6章　入国管理をめぐる処分

〔図3〕　退去強制手続の流れ

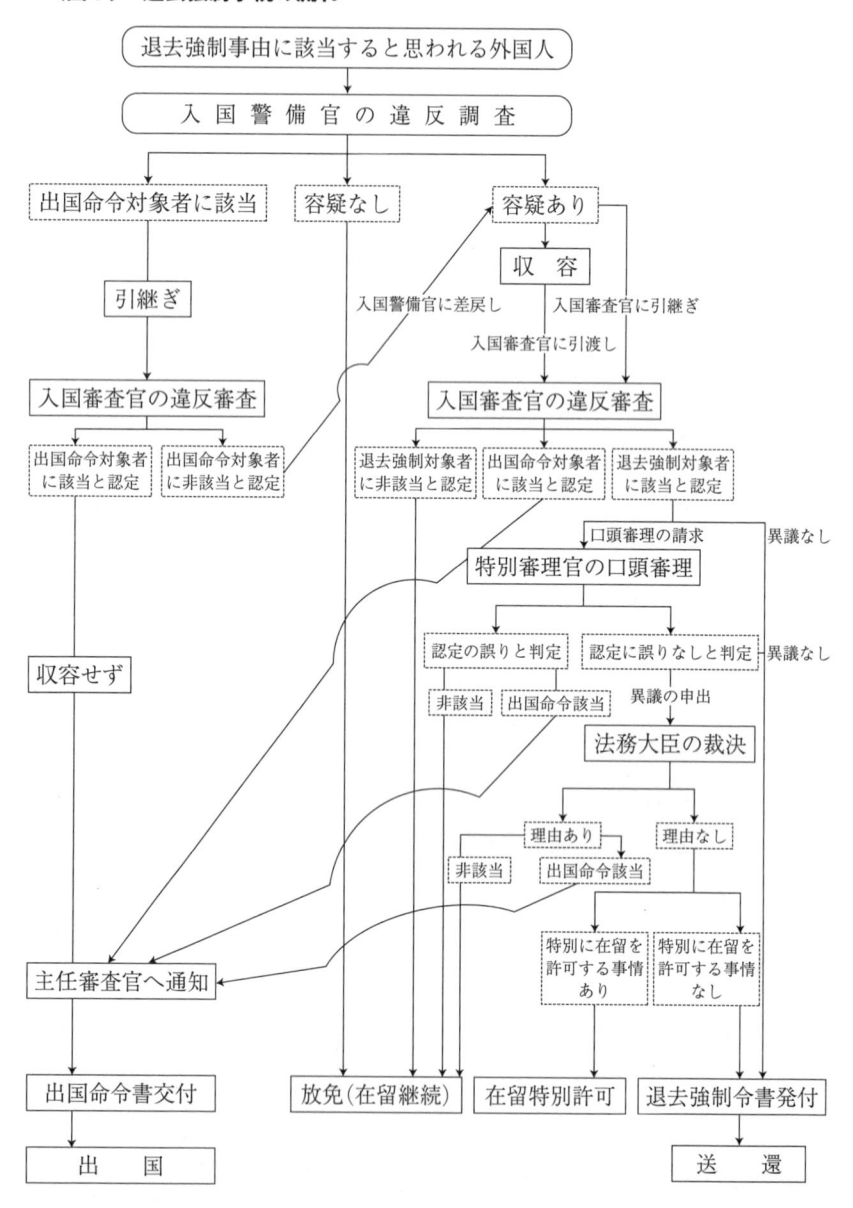

```
              退去強制事由に該当すると思われる外国人
                            │
                   入国警備官の違反調査
                            │
        ┌───────────────────┼───────────────────┐
   出国命令対象者に該当      容疑なし              容疑あり
        │                                         │
        │                                        収容
       引継ぎ         入国警備官に差戻し     入国審査官に引継ぎ
                            入国審査官に引渡し
        │                                         │
   入国審査官の違反審査                  入国審査官の違反審査
        │                                         │
   ┌────┴────┐              ┌────────┬────────┐
出国命令対象者  出国命令対象者    退去強制対象者  出国命令対象者  退去強制対象者
に該当と認定   に非該当と認定    に非該当と認定  に該当と認定   に該当と認定
                                                              │
                                                     口頭審理の請求  異議なし
                                              特別審理官の口頭審理
                                                    ┌─────┴─────┐
                                              認定の誤りと判定  認定に誤りなしと判定 異議なし
                                               ┌───┴───┐              │
                                            非該当  出国命令該当      異議の申出
                                                              法務大臣の裁決
                                                           ┌─────┴─────┐
                                                        理由あり      理由なし
                                                  ┌───┴───┐
                                               非該当  出国命令該当
   収容せず                                                   ┌─────┴─────┐
                                                        特別に在留を   特別に在留を
                                                        許可する事情   許可する事情
                                                           あり          なし
        │
  主任審査官へ通知
        │
  出国命令書交付    放免（在留継続）    在留特別許可    退去強制令書発付
        │                                                   │
       出国                                                送還
```

であり、具体的な基準は定められていないが、入国管理局は、在留特別許可が認められた事例や認められなかった事例を公開し、在留特別許可に係るガイドラインも公表しているので[1]、それらの事情を考慮して判断している。大まかな判断要素としては、①日本人の配偶者や日本人との間に産まれた子がいること、②長期間日本に在住し日本社会への定着性が認められること、③犯罪行為などの素行不良が認められないこと、④船舶による密航や偽造旅券等による入国でないことなどの要素がある。

5 退去強制処分

退去強制手続によって、退去強制事由に該当し、在留特別許可も認められないと判断されると、退去強制令書が発付され、退去強制処分が行われることになる。退去強制処分が行われた場合には、退去強制処分取消訴訟を提起しなければ強制退去されることになる。

Ⅲ 争訟手段

1 取消訴訟

(1) 出訴期間

退去強制処分や在留期間更新不許可、在留資格変更不許可処分があったことを知った日から6カ月である（行訴14条1項）。もしくは上記処分があった時から1年である。ただし、正当な理由があればこの限りではない（同条2項）。

(2) 管 轄

管轄は、被告国の普通裁判籍の所在地を管轄する東京地方裁判所か、処分をした行政庁である地方入国管理局長の所在を管轄する裁判所、もしくは、原告の普通裁判籍の所在地を管轄する高等裁判所の所在地を管轄する地方裁

---

[1] 法務省ホームページ〈http://www.moj.go.jp/content/000007321.pdf〉。

判所のいずれかとなる（行訴12条1号・5号）。

(3) 被　告

当該処分をした行政庁である地方入国管理局長または法務大臣の帰属先である国が被告となる。処分庁は、法務大臣もしくは処分を行った地方入国管理局長である（行訴11条1項1号）。

(4) 請求の趣旨

在留特別許可が認められずに退去強制令書の発付がなされた場合は、①異議の申出に理由がないとする法務大臣の裁決の取消しを求め（入管49条3項）、同時に、②退去強制令書発付処分の取消しを求めることになる（同条6項）。この場合の請求の趣旨は、下記のとおりである。

> 1　〇〇入国管理局長が平成〇年〇月〇日付けで原告に対してした出入国管理及び難民認定法第49条第1項に基づく異議の申出は理由がない旨の裁決を取り消す。
> 2　〇〇入国管理者主任審査官が平成〇年〇月〇日付けで原告に対してした退去強制令書発布処分を取り消す。

他方、在留期間更新不許可処分や在留資格変更不許可処分がなされた場合の請求の趣旨は、「〇〇入国管理局長が平成〇年〇月〇日付けで原告に対してした在留期間更新不許可処分（在留資格変更不許可処分）を取り消す」となる。

(5) 請求の原因

上記請求の趣旨を基礎づける請求の原因は、異議の申出に理由があることであり、具体的には、①審査手続に法令の違反があってその違反が判定に影響を及ぼすことが明らかであること、②法令の適用に誤りがあってその誤りが判定に影響を及ぼすことが明らかであること、③事実の誤認があってその誤認が判定に影響を及ぼすことが明らかであること、④退去強制が著しく不当であること（入管法施行規則42条参照）のどれかに該当することである。

判例 Check

○**在留期間更新不許可処分取消請求事件**（最判平成 8・7・2 判時1578号51頁）

　在留期間更新不許可処分に対して取消訴訟が提起された事案である。具体的には、外国人である被上告人が配偶者と別居した後、法務大臣である上告人は、被上告人の在留資格を「日本人の配偶者等」から、「短期滞在」に変更し、その後の在留期間更新申請を不許可とした。そのため、被上告人が在留期間更新不許可処分の取消しを求めて争った事案であり、「日本人の配偶者等」の在留資格該当性について判断すべきところを、上告人が「短期滞在」に在留資格を変更したうえで在留期間の更新を拒否した点において裁量の逸脱があると判断された。

　「被上告人は、『日本人の配偶者又は子』の在留資格……をもって本邦における在留を継続してきていたが、上告人は、同年 7 月30日、被上告人と花子とが長期間にわたり別居していたことなどから、被上告人の本邦における活動は、もはや日本人の配偶者の身分を有する者としての活動に該当しないとの判断の下に、被上告人の意に反して、その在留資格を同法別表第 1 の 3 所定の『短期滞在』に変更する旨の申請ありとして取り扱い、これを許可する旨の処分をし、これにより、被上告人が『日本人の配偶者等』の在留資格による在留期間の更新を申請する機会を失わせたものと判断されるのである。しかも、本件処分時においては、被上告人と花子との婚姻関係が有効であることが判決によって確定していた上、被上告人は、その後に花子から提起された離婚請求訴訟についても応訴するなどしていたことからもうかがわれるように、被上告人の活動は、日本人の配偶者の身分を有するものとしての活動に該当するとみることができないものでもない。そうであれば、右在留資格変更許可処分の効力いかんはさておくとしても、少なくとも、被上告人の在留資格が『短期滞在』に変更されるに至った右経緯にかんがみれば、上告人は、信義則上、『短期滞在』の在留資格による被上告人の在留期間の更新を許可した上で、被上告人に対し、『日本人の配偶者等』への在留資格の変更申請をして被上告人が『日本人の配偶者等』の在留資格に属する活動を引き続き行うのを適当と認めるに足りる相当の理由があるかどうかにつき公権的判

断を受ける機会を与えることを要したものというべきである。……以上によれば、被上告人が平成3年7月6日にした在留期間の更新申請に対し、これを不許可とした本件処分は、右のような経緯を考慮していない点において、上告人がその裁量権の範囲を逸脱し、又はこれを濫用したものであるとの評価を免れず、本件処分を違法とした原審の判断は、結論において是認することができる」。

判例 Check

○在留資格変更申請不許可処分取消請求事件（最判平成14・10・17民集56巻8号1823頁）

　在留資格変更不許可処分に対して取消訴訟が提起された事案である。日本人と法律上は婚姻関係が存在する場合でも婚姻関係の実質的基礎を失っている場合には「日本人の配偶者等」の在留資格取得の要件を満たさないと判断したものである。

　「日本人との間に婚姻関係が法律上存在している外国人であっても、その婚姻関係が社会生活上の実質的基礎を失っている場合には、その者の活動は日本人の配偶者の身分を有する者としての活動に該当するということはできないと解するのが相当である。そうすると、上記のような外国人は、『日本人の配偶者等』の在留資格取得の要件を備えているということができない」、「上記事実関係によれば、被上告人は、日本人の配偶者として本邦に上陸した後甲野と約1年3箇月間同居生活をしたが、その後本件処分時まで約4年8箇月にわたり別居生活を続け、その間、婚姻関係修復に向けた実質的、実効的な交渉等はなく、それぞれ独立して生計を営み、甲野は丙川との間の子2人を認知してこの3人との同居生活を継続していたというのであり、また、被上告人は、甲野と離婚する決心はついていなかったものの、甲野に対し、在留期間の更新がされれば離婚する旨を述べたり、離婚を約束する書面及び離婚届を作成して同書面及び離婚届の写しを自分の弁護士を介して交付するなどしており、他方、甲野は、離婚意思を有し、本件処分当時、被上告人に対して婚姻関係を修復する意思のないことを告げ、ただ、被上告人の在留期間更新申請についてのみ婚姻関係の外観を装うことに協力するなどしていたと

いうのである。これらの事情に照らすと、被上告人と甲野との婚姻関係は、本件処分当時、夫婦としての共同生活の実態を欠き、その回復の見込みが全くない状態に至っており、社会生活上の実質的基礎を失っていたものというのが相当である。したがって、本件処分当時、被上告人の本邦における活動は日本人の配偶者の身分を有する者としての活動に該当するということができず、被上告人は、『日本人の配偶者等』の在留資格取得の要件を備える者とは認められないというべきである」。

【書式7】 訴状（退去強制令書発付処分取消請求事件）

訴　　状

平成26年2月22日

東京地方裁判所　御中

原告訴訟代理人弁護士　　鈴　木　一　郎

〒114-0000　東京都北区東七丁目7番7号
　　　　　　　　原　　　　　告　　ソム・チャーイ

〒101-0051　東京都千代田区丸の内八丁目8番8号
　　　　　　　　鈴木ビル10階　鈴木一郎法律事務所（送達場所）
　　　　　　　　原告訴訟代理人弁護士　　鈴　木　一　郎
　　　　　　　　　電　話　03-1234-4321
　　　　　　　　　ＦＡＸ　03-1234-4322

〒100-0013　東京都千代田区霞が関一丁目1番1号
　　　　　　　　被　　　　　告　　　国
　　　　　　　　同代表者法務大臣　　○　○　○　○

退去強制令書発付処分をした行政庁　　東京入国管理局主任審査官

退去強制令書発付処分取消請求事件
訴訟物の価額　　　金160万円

貼用印紙額　　金1万3000円

請　求　の　趣　旨

1　東京入国管理局主任審査官が原告に対して平成26年2月12日ころした退去強制令書発付処分を取り消す
2　訴訟費用は被告の負担とする
との判決を求める。

請　求　の　原　因

1　原告の身分
　　原告は，昭和54年（1979年）2月1日，タイ王国において出生した外国人である（甲1の1，2，甲2の1，2）。
2　原告の入国及び在留状況
　　原告は，平成12年（2000年）1月，「寄港地上陸3日」の許可を受け，成田空港より上陸しそのまま日本での滞在を続け，不法滞在となった。
　　原告は，平成25年（2013年）2月5日，不法滞在を理由に，東京入国管理局に収容された。
3　退去強制令書発付処分に至る経緯
　　原告は，平成25年（2013年）2月5日，東京入国管理局に収容された後，帰国する意思がなかったが，入国審査官から口頭審理の請求をすることができる旨の説明もなく，仮にあったとしても，その意味をよく理解することもできないまま，主任審査官からサインするように求められるままに，口頭審理の請求をしない旨を記載した文書にサインをし，特別審理官に対する口頭審理請求や法務大臣に対する異議の申出をせずに，帰国のため茨城県牛久市にある東日本入国管理センターに送られた。
　　本来であれば，収容者に帰国する意思がない場合，収容者が東京入国管理局に収容された後は，入国審査官の違反審査により退去強制対象者に認定されると，収容者が口頭審理を要求して，特別審理官の口頭審理を受け，認定に誤りなしと判定されると，収容者が異議の申出をして法務大臣の裁決を受けることになり，そこで異議に理由なしと判断され，かつ，特別に在留を許可する事情もないと判断されて初めて，退去強制令書発付処分を

受けることになる。

　しかし，原告は，入国審査官から説明を受けず，あるいはその説明の内容をよく理解出来ないまま，口頭審理の請求をしない旨を記載した文書にサインしてしまったため，上記の手続を経ずに退去強制令書発付処分が行われてしまった。

4　処分の違法性（適正手続違反）

　東京入国管理局の入国審査官は，平成25年（2013年）2月5日ころ，原告に対して口頭審理の請求をしない旨を記載した文書にサインを求め，原告は，その文書にサインをしたため，翌日ころには退去強制令書が発付された。

　しかし，原告は，当時から，帰国する意思は有しておらず，東京入国管理局の入国審査官は，原告に対して口頭審理の請求について，日本語に不自由な外国人に対しても分かるような適切な説明をしておらず，また，主任審査官は，原告に対して口頭審理の請求をしない旨を記載した文書にサインすることの意味を日本語に不自由な外国人に対しても分かるように適切に説明をしていない。そのため，東京入国管理局の入国審査官及び主任審査官の行為は，憲法31条（適正手続），出入国管理及び難民認定法47条4項，5項に違反する。

　すなわち，憲法31条は，「何人も，法律の定める手続によらなければ，その生命若しくは自由を奪われ，又はその他の刑罰を科せられない。」と規定し，適正手続を定めている。そして，憲法31条に基づいて，出入国管理及び難民認定法は，第5章「退去強制の手続」において，退去強制に関する手続を定めている。

　そして，同法47条3項，4項は，入国審査官が容疑者について退去強制対象者に該当すると判断したときは，口頭審理の請求をすることができる旨を知らせなければならないと規定し，さらに同条5項は，容疑者がその認定に服するときは，主任審査官は，容疑者に対し口頭審理の請求をしない旨を記載した文書に署名させ，速やかに退去強制令書を発付しなければならないと規定している。

　しかし，本件の入国審査官は，日本語をよく理解しない容疑者に対し，口頭審理の請求をすることが出来ることを説明しなかったか，その意味を理解させなかった。また，本件の主任審査官は，口頭審理の請求をしない

旨を記載した文書に署名することの意味を理解させないまま，原告に対して同文書に署名をさせた。
　よって，本件退去強制令書発付処分は取り消されるべきである。

事　　　情

1　来日後の仕事
　原告は平成12年（2000年）1月，日本に入国し，平成13年（2001年）3月から同年9月まで，東京都北区にある製造工場で働き，その後，平成14年（2002年）2月から，東京入国管理局に収容されるまで清掃の仕事をしていた。

2　妻との出会い
　原告は，平成14年（2002年）ころ，東京都北区にある「タイタン」というスナックに行ったところ，そこで働いていてスダポーン（甲3）と出会った。スダポーンもタイ人だったので，2人はすぐに仲良くなり，その後，恋人同士になった。
　スダポーンは，日本人の夫と離婚し，その夫との間の息子（鈴木健一，日本国籍，以下「息子健一」という。甲3，4）を1人で育てていた。当時，スダポーンは生活が苦しく，昼も夜も働いていた。息子健一は，当時小学2年生だった。
　原告とスダポーンは恋人同士として付き合いを続け，原告は，平成15年（2003年）2月ころ，スダポーンのアパートに移り住み，息子健一と3人で生活を始めた。スダポーンは，原告と同居後は生活も楽になり，夜の仕事をやめ，夜は，原告と息子健一との時間を持つことが出来るようになった。その後，原告が東京入国管理局に収容されるまで，3人は平凡ながら幸せな家庭生活を続けていた。

3　収容後
　その後，平成25年（2013年）2月5日，原告は，ベトナム国籍の友人の家に泊まりに行ったとき，東京入国管理局に摘発され，収容された。原告は，収容後，訳も分からないまま用紙にサインしたところ，すぐに茨城県牛久市にある東日本入国管理センターに送られた。
　スダポーンは，原告のために行政書士に依頼し，仮放免などの手続きを行い，さらに，平成25年（2013年）3月11日，東京都北区に婚姻届を提出

し，原告と正式に夫婦になった（甲5）。

原告が収容後，スダポーンは再び生活が苦しくなり，再び昼も夜も仕事をするようになった。そのため，スダポーンは息子健一と一緒に過ごす時間が極度に少なくなった。

証　拠　方　法

甲第1号証の1	登録業務データベースに基づく住民事項証明書
甲第1号証の2	上記翻訳文
甲第2号証の1	国民身分証明書
甲第2号証の2	上記翻訳文
甲第3号証	登録原票記載事項証明書
甲第4号証	住民票
甲第5号証	受理証明書

添　付　書　類

1	訴状副本	1通
2	証拠説明書	2通
3	甲号証の写し	各2通
4	訴訟委任状	1通

2 執行停止の申立て

(1) 概　要

　取消訴訟を提起しても、退去強制処分は効力を有するので、その執行を止めるためには、訴訟提起と同時か、提起後早期に、執行停止の申立てを行う必要がある（行訴25条）。退去強制処分には、外国人の収容を継続する効力（入管52条5項）と、国外に送還する効力（同条3項）を有するところ、送還部分については執行停止決定がなされる場合が多い。収容部分についても執行停止決定がなされた例もある（東京地決平成15・6・11判時1831号96頁）。

(2) 申立ての趣旨
この場合の請求の趣旨は、【書式8】記載のとおりである。

(3) 相手方
相手方は、取消訴訟の場合と同じく国である。この場合の処分庁は、退去強制令書を発付した主任審査官である。

(4) その他の要件
その他の要件として下記があげられる（行訴25条）。

① 処分、処分の執行または手続の続行により重大な損害が生ずること
　訴訟継続中に強制送還されると訴えの利益がなくなることから、送還部分については重大な損害は認められやすい。収容部分については、身柄拘束による不利益を具体的に主張する必要がある。

② 緊急の必要がある場合
　上記①と同様の事情を具体的に主張すべきである。

③ 公共の福祉に重大な影響を及ぼすおそれがないこと、および本案について理由がないとみえないこと
　在留特別許可が認められるべき具体的事情を主張すべきである。

【書式8】　退去強制令書発付処分の執行停止申立書

平成26年（行ウ）第1号　退去強制令書発付処分取消請求事件
申立人　　ソム・チャーイ
相手方　　国

執行停止申立書

平成26年2月22日

東京地方裁判所民事第3部　御中

　　　　　　申立人訴訟代理人弁護士　　鈴　木　一　郎

　　　　　　　　申立の趣旨

東京入国管理局主任審査官が申立人に対して平成26年2月12日ころした退去強制令書発付処分の執行を本案訴訟の第1審判決言渡しまで停止する
との裁判を求める。

申 立 の 原 因

1 重大な損害を避けるための緊急の必要性
 (1) 収容継続による重大な損害
　退去強制令書を執行する際には，入国警備官は，送還可能のときまで，その者を入国者収容所，収容場その他法務大臣又はその委任を受けた主任審査官が指定する場所に収容することができる（出入国管理及び難民認定法第52条5項）。
　身体の自由についての権利は，世界人権宣言3条，市民的及び政治的権利に関する国際規約（自由権規約）9条1項等，全ての主要な人権文書で認められている基本的な人権であり，人身の自由を奪うということは生命を奪うのに次ぐ人権の侵害である。
　そのため，退去強制令書の執行により収容を継続することは，申立人にとって重大な損害であることは明らかであり，収容から解放する緊急性がある。
 (2) 強制送還による重大な損害
　退去強制令書を執行する際は，入国警備官は，すみやかにその者をその者の国籍又は市民権の属する国に送還しなければならない（入管法52条3項，53条）。
　退去強制令書が執行されることにより，申立人は，本邦の外におかれることになり，仮に本案訴訟において申立人が勝訴判決を受けたとしても，送還前におかれていた原状を回復する制度的な保証はない。
　従って，本件退去強制令書執行による送還によって，申立人は重大な損害を被ることは明らかであり，執行を停止する緊急の必要がある。
2 公共の福祉に重大な影響を及ぼすおそれの不存在
　申立人は，概ね日本の生活に定着していることは明らかであって，退去強制令書の執行を停止し，収容と送還を停止しても，公共の福祉には何ら重大な影響はない。
3 本案について理由がないとはみえないこと

申立人は，平成25年（2013年）2月5日，東京入国管理局に収容された後，帰国する意思がなかったが，入国審査官から口頭審理の請求をすることができる旨の説明もなく，仮にあったとしても，その意味をよく理解することもできないまま，主任審査官からサインするように求められるままに，口頭審理の請求をしない旨を記載した文書にサインをし，特別審理官に対する口頭審理請求や法務大臣に対する異議の申出をせずに，帰国のため茨城県牛久市にある東日本入国管理センターに送られた。

　本来であれば，収容者に帰国する意思がない場合，収容者が東京入国管理局に収容された後は，入国審査官の違反審査により退去強制対象者に認定されると，収容者が口頭審理を要求して，特別審理官の口頭審理を受け，認定に誤りなしと判定されると，収容者が異議の申出をして法務大臣の裁決を受けることになり，そこで異議に理由なしと判断され，かつ，特別に在留を許可する事情もないと判断されて初めて，退去強制令書発付処分を受けることになる。

　しかし，申立人は，入国審査官から説明を受けず，あるいはその説明の内容をよく理解出来ないまま，口頭審理の請求をしない旨を記載した文書にサインしてしまったため，上記の手続を経ずに退去強制令書発付処分が行われてしまった。

4　よって，申立人は，東京入国管理局主任審査官が，平成26年2月12日ころ，申立人に対して発付した退去強制令書の執行を本案訴訟の第1審判決言渡しまで停止することを求める。

疎　明　資　料

疎甲第1号証　　　　陳述書

添　付　資　料

1　申立書副本　　　　　　1通
2　疎甲第1号証の写し　　2通
3　訴訟委任状　　　　　　1通

当事者目録

〒114-0000　東京都北区東七丁目7番7号
　　　　　　　　　　申　　立　　　人　　ソム・チャーイ
〒101-0051　東京都千代田区丸の内八丁目8番8号
　　　　　　　鈴木ビル10階　鈴木一郎法律事務所（送達場所）
　　　　　　　　　　申立人訴訟代理人弁護士　　鈴　木　一　郎
　　　　　　　　　　　　　　　　　　電　話　03-1234-4321
　　　　　　　　　　　　　　　　　　ＦＡＸ　03-1234-4322

〒100-0013　東京都千代田区霞が関一丁目1番1号
　　　　　　　　　　相　　手　　　方　　国
　　　　　　　　　　同代表者法務大臣　　〇　〇　〇　〇

退去強制令書発付処分をした行政庁　　東京入国管理局主任審査官

第 7 章

建築確認をめぐる処分

I　建築確認制度

1　建築確認

　建築主は、一定の建築物の建築等をしようとする場合には、工事着手前に、その計画が建築基準関係規定に適合することについて、建築主事または指定確認検査機関の確認（建築確認）を受け、確認済証の交付を受けなければならない（建基6条、6条の2）。

　平成10年建築基準法改正で建築確認業務が民間に開放され、地方公共団体の職員である建築主事（建基4条参照）だけでなく、国土交通大臣または知事が指定した民間の機関（指定確認検査機関）も建築確認を行うことができるようになった（同法77条の18以下参照）。現在では、極めて多くの建築確認が民間の機関によって行われている（したがって、後述のとおり、建築確認の取消訴訟における被告および処分行政庁が、株式会社である指定確認検査機関とされる場合も多い）。

2　建築確認が必要な建築物

　都市計画区域・準都市計画区域・準景観地区・知事が指定する区域内では、すべての建築物について、建築確認が必要である（建基6条1項4号）。

　それ以外の区域では、百貨店・劇場・共同住宅・学校・病院のような多人数が利用する建物や、一定の構造の大規模建築物について、建築確認が必要とされている（同項1～3号）。

3　建築確認の審査対象

　建築確認とは、建築計画が「建築基準関係規定」に適合しているかどうかを判断するものである。

　「建築基準関係規定」とは、具体的には、①建築基準法の規定、②同法に

基づく命令および条例の規定、③建築基準法施行令9条で列挙された規定（たとえば開発許可制度について定める都市計画法29条1項・2項）を意味する。

　建築主事または指定確認検査機関は、国土交通大臣が定める「確認審査等に関する指針」（建基18条の3）に従って審査を行い、建築基準関係規定に適合していることを確認すれば確認済証を交付する（同法6条4項）。

　建築主は、確認済証の交付を受けたうえで工事に着手し、一定の場合には工事途中で建築主事等による中間検査を受け（建基7条の3）、工事完了後に建築主事等による完了検査を受けて検査済証の交付を受けることになる（同法7条、7条の2）。検査済証の交付を受けると、当該建築物の使用が可能となる（同法7条の6）。

Ⅱ　争訟手段

1　審査請求前置主義

　建築確認申請に対する許可または不許可の処分に不服がある場合、あるいは処分がなされない場合は、市町村または都道府県の建築審査会に対し、審査請求をすることができ（建基94条1項）、審査請求を受理した建築審査会は、1カ月以内に裁決を行う（同条2項）。審査請求適格については、後述する取消訴訟の原告適格と同様の基準により判断される（東京地判平成18・9・8裁判所ウェブサイト等参照）。

　建築確認の取消訴訟は、原則として、当該建築確認処分について、適法な審査請求に対する建築審査会の裁決を経た後でなければ提起することができない（建基96条。審査請求前置主義）。

　ただし、著しい損害を避けるために緊急の必要があるとき等は、裁決を経ずに取消訴訟を提起することも認められる（行訴8条2項）。後述のとおり、建築工事完了後は建築確認の取消しを求める利益が失われるとされているから、これとの関係で、「緊急の必要」があることを主張することも考えられ

る。

審査請求は、処分のあったことを知った日から60日以内にしなければならない（行審14条）。60日を徒過すると、審査請求を起こすことができないばかりでなく、審査請求前置主義との関係で、原則として取消訴訟を提起することもできなくなるので、十分注意が必要である。

2 段階に応じた争訟手段

〔図４〕 建築確認にかかわる争訟手段

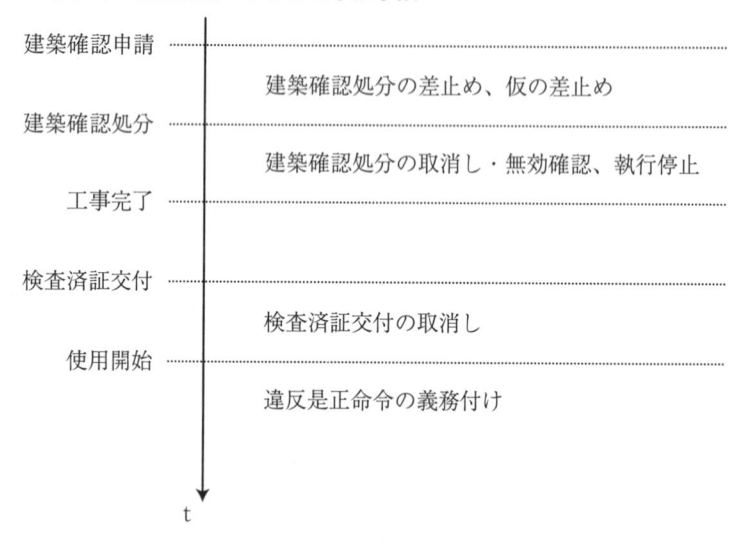

```
建築確認申請 ┈┈┈┤
              │   建築確認処分の差止め、仮の差止め
建築確認処分 ┈┈┈┤
              │   建築確認処分の取消し・無効確認、執行停止
   工事完了 ┈┈┈┤
              │
              │
 検査済証交付 ┈┈┈┤
              │   検査済証交付の取消し
   使用開始 ┈┈┈┤
              │   違反是正命令の義務付け
              │
              ↓
              t
```

(1) 建築確認申請後・建築確認処分前

(ア) 差止請求

建築主による建築確認申請がされた後、建築主事等による建築確認処分がされる前の段階では、建築確認処分がされることを事前に阻止する手段として、建築確認処分の差止請求（行訴37条の４）がある。請求の趣旨は、「被告[1]は、○○に対し、別紙建築計画につき建築基準法６条１項に基づく建築確認

---

1 建築確認申請の申請先が指定確認検査機関である場合には、同機関が被告兼処分行政庁となり、

158

処分をしてはならない」などと表現される。

建築確認処分がされる前であるから、審査請求前置主義は問題とならない。

原告適格は、取消訴訟と同様の基準により判断される（行訴37条の4第3項・4項）。大阪高判平成20・7・31判時2059号26頁は、建築確認処分差止訴訟の原告適格について、これを否定した第1審判決を取り消して事件を第1審に差し戻す旨を判示しており、参考になる。

また、差止請求の場合、原告適格の先の問題として「重大な損害を生ずるおそれ」があると認められる必要がある。この点、那覇地判平成21・1・20判タ1337号131頁が、景観利益を有する者について、原告適格を認めつつ、当該建築確認処分により重大な損害が生ずるおそれがあると認めることはできないとの判断を示している。

　　(イ)　仮の差止めの申立て

建築確認の差止請求訴訟を提起した場合でも、同訴訟の判決が出るまでの間に建築確認処分がされてしまうことを防ぐことはできない。

そこで、差止請求訴訟を本案事件として、仮の差止めを求める申立てをすることができる（行訴37条の5第2項）。申立ての趣旨は、「相手方は、本案事件の第1審判決言渡しまで、〇〇に対して別紙建築計画記載の建築物に係る建築確認をしてはならない」などと表現される。

仮の差止めの積極要件として、「償うことのできない損害を避けるため緊急の必要」があることと、「本案について理由があると見える」ことが要求される。

東京地決平成20・3・27裁判所ウェブサイトは、建築確認の仮の差止めの申立てについて、申立人の主張する損害は「いずれも抽象的なものにとどまり、現実にいかなる程度の損害が生ずる見込みがあるのかを疎明するに足り

請求の趣旨は上記のとおり「被告は……」と表現される。これに対して、申請先が建築主事である場合は、当該建築主事（処分行政庁）が所属する地方公共団体が被告となるので（行訴11条1項）、請求の趣旨は「処分行政庁は……」と表現されることになる。

る資料もないから、事後の損害賠償等の救済手段によって賄えないとはいい難い」として、申立てを却下している。

建築確認に関するものではないが、市立保育所廃止処分の差止めに関して仮の差止めを認めた裁判例として、神戸地決平成19・2・27裁判所ウェブサイトがある。

(2) 建築確認処分後・建築工事完了前
㈦ 取消訴訟と無効確認訴訟

建築確認がされた後は、当該建築確認の取消訴訟を提起することになる。ただし、原則として審査請求を経なければならないことは、前述のとおりである。

審査請求を経た場合は、これに対する裁決があったことを知った日から6カ月を経過した時、または当該裁決の日から1年を経過した時は、原則として、取消訴訟を提起することができない（行訴14条1項・2項）。

上記の出訴期間が経過した後でも、瑕疵が重大（かつ明白）であれば、建築確認の無効確認訴訟（行訴3条4項）を提起することができる。なお、無効確認訴訟の存在意義は、処分に重大（かつ明白）な瑕疵がある場合は出訴期間経過後であってもその効力を覆すことができる点にあり、出訴期間内であれば重大な瑕疵であっても取消訴訟を提起すれば足りる。大阪地判平成20・5・16判時2027号7頁は、取消訴訟が適法であれば、併合提起された無効確認訴訟は訴えの利益を欠き、却下される旨を判示している。

㈤ 工事完了による「訴えの利益」の喪失

建築確認の取消訴訟については、最判昭和59・10・26民集38巻10号1169頁が「建築確認は、それを受けなければ右工事をすることができないという法的効果を付与されているにすぎないものというべきであるから、当該工事が完了した場合においては、建築確認の取消しを求める訴えの利益は失われる」と判示している。これにより、取消訴訟の途中で建築工事が完了してしまうと、「訴えの利益なし」として、その時点で訴えが却下されることとな

る点に注意が必要である。

前掲最判昭和59・10・26の理由づけによれば、無効確認訴訟についても同様に、工事完了後は無効確認の利益が失われると解されよう。

(ウ) 執行停止の申立て

建築確認の取消訴訟を提起しても、それだけでは建築確認の効力（＝当該建築物の建築が可能となること）は妨げられない（行訴25条1項）。したがって、そのままでは工事を続行されてしまい、その結果、取消訴訟の途中で工事が完了してしまうと、前述のとおり、訴えの利益が失われることとなる。

そこで、建築確認の取消訴訟を提起する場合、これとともに、取消訴訟の被告を相手方として、当該建築確認の執行停止の申立て（行訴25条2項）を行うことが考えられる。申立ての趣旨は、「相手方が○○に対して平成××年×月×日付けでした建築確認処分の効力は、本案訴訟に関する判決が確定するまでこれを停止する」などと表現される。

執行停止の要件として、本案訴訟（取消訴訟）が適法に提起されていることが要求されることから、取消訴訟の原告適格を有する者が取消訴訟を提起したうえで申立てを行うことが必要である。

また、申立人は、当該処分により生ずる重大な損害を避けるため緊急の必要があることを疎明することが必要であり（行訴25条2項・5項）、これに対して相手方は「本案について理由がないと見えるとき」（同条4項）にあたるなどとして、これを争うことになる。

建築確認の執行停止については、そもそも公刊物に登載された裁判例が少なく、しかも確定した執行停止決定は見当たらない状況にあったが、近時、

---

2 建築確認の主体が指定確認検査機関である場合には、同機関が相手方兼処分行政庁となり、申立ての趣旨は上記のとおり「相手方が……」と表現される。これに対して、建築確認の主体が建築主事である場合は、当該建築主事（処分行政庁）が所属する地方公共団体が相手方となるので、申立ての趣旨は「東京都○○区建築主事が……」などと表現されることになる。

3 認容例として、①神戸地決昭和60・5・21判タ564号236頁、②甲府地決平成11・3・19判自194号94頁、③東京地決平成19・1・24裁判所ウェブサイトがあるが、それぞれ④大阪高決昭和60・7・31判タ560号297頁、⑤東京高決平成11・8・2判タ1057号153頁、⑥東京高決平成19・

注目すべき認容例が現れた。すなわち、後記最判平成21・12・17民集63巻10号2631頁の事案に係る執行停止申立事件において、東京高決平成21・2・6判自327号81頁は、「このまま建築工事が続行され、本件建築物が完成すると、本件建築物の倒壊、炎上等により、申立人らはその生命又は財産等に重大な損害を被るおそれがある」、「本件建築物の建築等の工事は完了間近であるところ、本件建築物の建築等の工事が完了すると、本件処分の取消しを求める訴えの利益は失われる」などとして、「重大な損害を避けるため」の「緊急の必要」が認められるとして、申立てを認容した（その後、最高裁判所が原審を支持し確定）。

(3) 建築工事完了後

(ア) 検査済証交付の取消訴訟

前述のとおり、建築工事完了後は、建築確認の取消訴訟は「訴えの利益なし」として却下されることとなる。

そこでまず、工事完了後の完了検査を経たうえで検査済証が交付されたことについて、その交付の取消しを請求する方法がある。

しかし、検査済証交付の取消訴訟については、東京地判昭和61・10・30判時1217号44頁が「検査済証の交付は、せいぜいそれを受けなければ、当該建築物の使用を開始することができないという法的効果を付与されているにすぎず、それを受けなかったからといって、いったん開始された使用につき、その継続を許さないとする法的効果までも有するとはいえないものであって、当該建築物の使用が開始された後においては、検査済証の交付の取消しを求める訴えの利益は失われるものというべきである」と判示している。建築確認の取消訴訟について、工事完了後は訴えの利益が失われるとされているこ

3・14裁判所ウェブサイトによって取り消され、却下が確定している。却下例としては、ほかに、⑦東京地決昭和45・12・21行集21巻11・12号1415頁、⑧東京地決昭和46・6・16行集22巻6号843頁、⑨奈良地決昭和62・12・3判自45号81頁、⑩神戸地決平成8・5・15判自153号89頁、⑪名古屋高決平成19・11・12判時2046号29頁、⑫仙台地判平成23・3・23裁判所ウェブサイト等がある。

とと同様に解しているのである。

通常は、検査済証の交付を受ければすぐに使用を開始することになるから、上記裁判例によれば、検査済証の取消請求という手段が機能する場面はほとんどないということになろう。

(イ) 違反是正命令の義務付け訴訟

建築法令に違反した建築物について、特定行政庁（建基2条35号）は、その所有者等に対して、使用禁止等を命じることができる（同法9条。違反是正命令）。

そこで、建築工事が完了して検査済証が交付され、当該建築物の使用が開始された後は、特定行政庁を被告として、違反是正命令の義務付け訴訟を提起することが考えられる。

法令上、違反是正命令の申請権は定められていないから、上記訴訟は、いわゆる非申請型の義務付け訴訟（行訴37条の2）に位置づけられる。

義務付け訴訟は、平成16年行政事件訴訟法改正により新たに設けられた訴訟類型である。このうち非申請型の義務付け訴訟は、法令上の申請権がない者による義務付け請求を認めるものであるところ、かかる請求を認めることは、あたかも申請権を認めたのと同じような結果をもたらすことになる。そこで、申請型の義務付け訴訟の場合（行訴37条の3）と異なり、救済の必要性が高い場合に限定する趣旨で、「一定の処分がされないことにより重大な損害が生ずるおそれ」および「その損害を避けるため他に適当な方法がないとき」（補充性）という要件が課されている。

法改正後に義務付け訴訟について判断した裁判例は今のところ多くないが、都市計画法81条1項に基づく違反是正命令の発令を求めた非申請型の義務付け請求が、「重大な損害が生ずるおそれ」がないとして却下された事例として、大阪地判平成19・2・15判タ1253号134頁がある。

第7章　建築確認をめぐる処分

> **判例Check**
>
> ○建設工事等停止命令発付請求事件（大阪地判平成19・2・15判タ1253号134頁）
>
> 　市長がした開発許可処分につき、近隣で事業を営み、あるいは、隣接する土地を所有する原告らが、本件開発行為は都市計画法等に違反するとして、本件会社に対し是正命令を発することを求めて提訴した事案である。
>
> 　大阪地方裁判所は、「本件は、大阪市長に対し、本件違反是正命令を発することを命ずるように求める訴えであるが、法令に基づく申請を前提としていないから、本件訴えは、行政事件訴訟法3条6項1号、同法37条の2所定の非申請型の義務付けの訴えである。そして、同条の2第1項は『一定の処分がされないことにより重大な損害を生ずるおそれ』があることを非申請型の義務付けの訴えの適法要件の1つとしている。これは、法令上の申請権がない場合に、行政庁に対し一定の処分をするように求めることは、処分の根拠となる行政実体法に予定されていないから、非申請型の義務付けの訴えを認めることは、法令上の申請権がない者にあたかも申請権を認めたのと同じような結果となるため、義務付けの訴えによる救済の必要性が高い場合に限り、義務付けの訴えによる救済を認めるという趣旨で、いわゆる補充性の要件とともに規定されたものである。したがって、重大な損害が生ずるか否かの判断は、上記趣旨を踏まえた上で、損害の回復の程度を考慮して、併せて、損害の性質及び程度並びに処分の内容及び性質を勘案して行うのが相当である（同条の2第2項参照）」としたうえで、原告らの請求に対して「原告らに、重大な損害を生ずるおそれがあるとは認められず、また、他に原告らに重大な損害を生ずるおそれがあることを認めるに足りる証拠もない」として、申立てを却下した。

3 　被告適格

　建築確認の主体が建築主事である場合には、その建築主事（処分行政庁）が所属する地方公共団体が被告となる（行訴11条1項1号）。

これに対して、建築確認の主体が指定確認検査機関である場合には（建基6条の2）、その指定確認検査機関を被告兼処分行政庁として訴えを提起することになる（同条2項）。建築確認の取消訴訟において、被告兼処分行政庁が「株式会社○○○○」とされていることが多いのは、このためである。

III 原告適格（申立人適格）

1 判断基準

取消訴訟の原告適格について、行政事件訴訟法9条1項は、「法律上の利益を有する者」と定めているところ、その具体的意味については、以下のように解されている（最大判平成17・12・7民集59巻10号2645頁参照）。

① 「法律上の利益を有する者」とは、当該処分により自己の権利もしくは法律上保護された利益を侵害され、または必然的に侵害されるおそれのある者をいう（法律上保護された利益説）。

② 当該処分を定めた行政法規が、不特定多数者の具体的利益をもっぱら一般的公益の中に吸収解消させるにとどめず、それが帰属する個々人の個別的利益としてもこれを保護すべきものとする趣旨を含む場合には、このような利益もここにいう法律上保護された利益にあたる。

そして、上記の点を判断するにあたっての解釈規定が、行政事件訴訟法9条2項におかれている。

このような判断枠組みの下で、建築確認処分等の取消訴訟の原告適格について、具体的には以下のとおり解されている。

2 具体例

(1) 建築物の倒壊・炎上等による被害

建築物の倒壊・炎上等による被害との関係では、最判平成14・1・22判タ1088号127頁が、「建築物の倒壊、炎上等により直接的な被害を受けることが

予想される範囲の地域に存する建築物に居住し又はこれを所有する者」について、原告適格を認めている。[4]

前提として、「生命・身体の安全」に加え、「財産としてのその建築物」も保護されるべき利益として措定されており、したがって居住者だけでなく所有者にも原告適格が認められている。

この判例では、高さ110.25メートルに及ぶビルから直線距離で13.5〜127.5メートルの範囲内にある建築物について、当該ビルが「倒壊すれば直接損傷を受ける蓋然性がある範囲内にある」として、その所有者に原告適格が認められた。

(2) 日照被害

日照被害との関係では、最判平成14・3・28民集56巻3号613頁が、「建築物により日照を阻害される周辺の他の建築物の居住者」について、原告適格を認めている。

前提として、居住者の「健康」が保護されるべき利益として措定されており、それゆえに、倒壊・炎上等の場合と異なり、原告適格を有するのは「居住者」に限定されているものと考えられる。

どの程度の日照被害があれば原告適格が認められるかについては、受忍限度を超えていない場合には原告適格は認められないとの立場(横浜地判昭和62・3・25判タ651号69頁、浦和地判平成8・8・5判自156号61頁)がある一方で、日照被害の程度が建築基準法56条の2および日影条例の規制の範囲内で[5]

---

4 この判例は、平成4年改正前建築基準法59条の2第1項に基づくいわゆる総合設計許可の取消訴訟に関するものであるが、高世三郎「判解」最判解民〔平成14年度〕68頁において、「本判決が……判示するところは、建築確認についても当てはまると考える余地があり、建築確認に係る建築物の倒壊、炎上等により直接的な被害を受けることが予想される範囲の地域に存する建築物に居住し又はこれを所有する者は、建築確認の取消訴訟の原告適格を有すると判断されることになる可能性があろう」との指摘がされている。その後の下級審裁判例は、最判平成14・1・22の判断基準が建築確認の取消訴訟にも同様にあてはまることを前提としている。

5 関口剛弘「建築確認、建築許可と不服申立ての適格」(中野哲弘=安藤一郎編・新・裁判実務大系27〔住宅紛争訴訟法〕)28頁では、「受忍限度の概念は、民法上の差止め、損害賠償請求で用いられるものであり、原告適格を画する基準ないしその表現としては必ずしも適切とはいい難

あるかどうかは、本案の問題として考慮されるべきことであり、取消しを求める法律上の利益に影響を与えるものではないとの立場（東京地判平成7・12・20判自150号71頁）もある。前掲最判平成14・3・28は、ベランダで朝1時間程度の日影を生じる者に原告適格を認めており、一応の日照被害を示せば、訴訟を維持する資格という意味での原告適格を認める趣旨と理解されている。[6]

なお、日照に加え、通風の阻害を根拠として原告適格を認めた裁判例として、大阪地判平成19・12・27判タ1270号191頁がある。

(3) がけ崩れのおそれ

がけ崩れのおそれとの関係では、（都市計画法上の開発許可の取消訴訟において）最判平成9・1・28民集51巻1号250頁が、「がけ崩れ等による直接的な被害を受けることが予想される範囲の地域に居住する者」について、原告適格を認めている。

「住民の生命、身体の安全等」が保護されるべき利益として措定されているが、建築物の倒壊・炎上等の場合と同様、がけ崩れとの関係でも、当然「財産としてのその建築物」は保護されるべき利益に含まれるはずであるから、少なくとも建築確認との関係では、居住者だけでなく所有者にも原告適格[7]が認められるべきである。[8]

い」との指摘がされている。
6 松本克美ほか『【専門訴訟講座②】建築訴訟〔第2版〕』123頁。
7 建築基準法は、その1条において「国民の生命、健康」のほかに「財産」の保護を明示的に掲げている。建築確認の場面と開発許可の場面との違いにつき、大橋寛明「判解」最判解民〔平成9年度〕156〜157頁参照。
8 大橋・前掲（注7）156頁では、「建築確認については、第三者の原告適格を正面から肯定する判断を示した最高裁の判例はまだないが、これを肯定した下級審の裁判例は、いずれも『近隣居住者』『隣地住民』などという言い方をしており、非居住の所有者の原告適格を肯定した事例は見当たらない。学説の説明も同様である。このような裁判例・学説によるなら、建築確認についても、単に周辺の土地を所有しているというだけで原告適格を肯定すべきかどうかについては、なお十分な検討を要する」との指摘がされている。しかし、その後、建築物の倒壊・炎上等に関する前掲最判平成14・1・22が出たこと等を踏まえれば、本文で述べたとおり、所有者にも原告適格が認められると考えるべきである。

(4) 景観利益

このほか、景観利益については、那覇地判平成21・1・20判タ1337号131頁が、景観利益を「法律上保護に値する」ものと認めた最判平成18・3・30民集60巻3号948頁〔国立マンション事件〕を前提に、建築基準法は景観利益をも個々人の個人的利益として保護する趣旨を含むとして、良好な景観を有する場所に近接する地域内に居住し、その恵沢を日常的に享受している者について、建築確認処分差止請求の原告適格を認めている。

なお、この点については、「平成18年判決は、景観利益が民法709条に規定される『法律上保護される利益』にあたるものと判示したものであり、それ以外の場面における景観利益の法的効力について言及したものではないこと……からすれば、同判決から直ちに行政事件訴訟法の原告適格を肯定するのは困難であ」[9]るとの指摘があることにも注意が必要である。前掲那覇地判平成21・1・20も、同最判平成18・3・30から当然に景観利益を有する者に行政事件訴訟法上の原告適格を認めたわけではなく、建築基準法の各規定の趣旨・目的や景観法の規定の趣旨・目的等を緻密に検討したうえで、建築基準法は景観利益をも個々人の個人的利益として保護する趣旨を含むとして原告適格を肯定しているのであって、たとえば開発許可の場面において、当然に同じ結論となるわけではない（第8章Ⅲ2(3)参照）。

(5) その他の利益

上記以外の電波障害、プライバシー、排気ガスによる健康被害、騒音による安眠妨害、不動産の資産価値等については、一般に、建築基準法はこのような利益を個別に保護する趣旨を含むものではないと解されている（高松高判平成10・4・28判タ992号112頁等）。

---

9 判タ1303号129頁。

3 法人の原告適格

上記2で紹介した各判例に照らすと、法人については「生命・身体の安全」や「健康」等の利益を観念することはできず、また「居住者」にもあてはまらないことから、その原告適格は否定的に解されることになりそうである。下級審を含め、建築確認処分の取消訴訟につき自然人以外の者について原告適格を認めた裁判例は、現在までのところ見当たらない。

もっとも、問題となった建築物の周辺に建物を賃借して本店事務所をおく株式会社について、結論として原告適格を否定した東京地判平成21・6・5判タ1309号103頁は、原告が自然人ではなく「生命・身体の安全」や「健康」という利益を有していないというだけでなく、原告に被害が及ぶおそれの有無を具体的に検討したうえで、その原告適格を否定している（たとえば、日照との関係では、原告がその従業員に対して負う安全配慮義務あるいはその執務環境を保持する利益という観点からの検討をも行い、原告適格を肯定するに足るほどの影響は受けない旨を認定している）。

平成16年改正行政事件訴訟法において、原告適格の拡大を目的とする9条2項が新設されたこととの関係で、前掲最判平成14・1・22および同最判平成14・3・28に関して、「改正法の原告適格の考慮事項によって、目的を共通にする関係法令、被害の実態等に照らして、危険性や財産的被害、環境被害などが想定される場合に関して、原告適格がより認められやすくなったものと考えられます[10]」等の指摘もされているところである。

法人が「所有者」である場合には、少なくとも建築物の倒壊・炎上等による被害との関係では、前掲最判平成14・1・22によっても、原告適格は当然認められうる。加えて、改正行政事件訴訟法の趣旨等を踏まえれば、日照やがけ崩れとの関係でも、また法人が「賃借人」にすぎない場合でも、当該法

10　越智敏裕ほか『新行政事件訴訟法──逐条解説とQ&A』318頁、319頁参照。

人が受ける不利益の内容を具体的に論証することにより、原告適格が認められる余地は十分にあると考えられる。

4 原告主張の違法事由と利益侵害との因果関係

建築確認取消し等の訴えにおいて、当該処分（建築確認）によって原告の権利・利益が侵害されるおそれがあること（当該処分と利益侵害との間の因果関係）が要求されることは当然である。

それを超えて、原告適格の範囲を画するにあたり、原告が主張する違法事由（建築基準関係規定の違反部分）と利益侵害との間の因果関係を要求するかについては争いがある。これを必要とする裁判例も散見されるが（東京高判昭和56・1・30行集32巻1号142頁）、多数説は、違法事由と利益侵害との間の因果関係を不要と解しており、多くの裁判例もこれを問題としていない。[11]

もっとも、後述のとおり、原告適格が認められたうえでの本案の問題として、自己の法律上の利益に関係のない違法の主張は制限される（行訴10条1項）。

Ⅳ 本案での争点

1 違法事由

前述のとおり、建築確認とは、建築計画が「建築基準関係規定」に適合しているかどうかを審査対象とするものであるから、それ以外の法令に違反することを理由に建築確認取消し等の訴えを提起することはできない。

建築確認取消し等の訴えにおいて違法事由の根拠としうる「建築基準関係規定」のうち、建築基準法の規定には、いわゆる①「単体規定」と②「集団規定」とがある。

---

11 関口・前掲（注5）27頁。

「単体規定」とは、建築基準法第2章に定められているもので、個々の建築物そのものが備えるべき内容・質についての規定である（全国どこに建てる場合にも適用される）。具体的には、衛生・安全に関する規定、構造上の強度に関する規定、付属設備に関する規定、防火・避難に関する規定等がある。

「集団規定」とは、建築基準法第3章に定められているもので、都市計画区域内・準都市計画区域内において、他の建築物等との関係や地域的特性から要求される基準についての規定である。具体的には、接道義務、用途、容積率、建ぺい率、斜線制限、日照規制等に関する規定がある。

接道義務違反があるとして建築確認処分の取消請求がされた最近の裁判例として、仙台地判平成23・6・30裁判所ウェブサイトがある。エキスパンションジョイントで接続された2棟の建物が「一の建築物又は用途上不可分の関係にある二以上の建築物」（建基令1条1号）に該当するかが争われたが、判決は、問題となった建物に外観上・構造上・機能上の一体性を認め、接道義務違反はないとして、請求を棄却した（前提として、接道義務を充足しない建築物の建築の結果生ずる建築物の炎上等による被害ないしは不利益からの保護という観点から、原告適格は肯定している）。

2　開発許可の欠缺

「建築基準関係規定」のうち、建築基準法以外の規定でしばしば問題となるのは、都市計画法上の開発許可制度についての規定である。都市計画区域内等において「開発行為」をしようとする者はあらかじめ知事の許可（開発許可）を受けなければならず（都計29条1項）、開発許可の有無は、建築確認における審査の対象に含まれる（建基令9条）。

したがって、本来は「開発行為」に該当し開発許可が必要であるにもかかわらず、「開発行為」に該当しないとして開発許可がないまま建築確認処分がされてしまっている場合、原告適格を有する者は、当該処分の取消しを求めることができる。

第7章　建築確認をめぐる処分

　その場合、訴訟においては、問題となっている建築計画が「開発行為」に該当するか否かが争われることとなる。「開発行為」の意味については、都市計画法4条12項に定義規定があるが、具体的な判断にあたっては、国土交通省が公表している「開発許可制度運用指針」の内容を参照することになる。

　開発許可を受けないままされた建築確認処分について、当該建築計画は「開発行為」に該当し開発許可が必要であるとして、建築確認処分の取消しを認容した裁判例として、大阪地判平成21・9・9判自331号75頁がある。

3 ｜ 自己の法律上の利益に関係のない違法の主張制限

　前述のとおり、原告適格の範囲を画するにあたり、原告が主張する違法事由（建築基準関係規定の違反部分）と利益侵害との間の因果関係は不要とするのが多数説であるが、原告適格が認められたうえでの本案の問題として、自己の法律上の利益に関係のない違法の主張は制限されていること（行訴10条1項）に注意が必要である。

　下級審判決は一般にこの点を厳格に考えており、処分の名宛人以外の第三者が提起した取消訴訟においては、原告適格を基礎づける規定以外の規定に違反するという違法事由は主張できないとする裁判例が多い（東京地判平成20・5・29判時2015号24頁等）[12]。

4 ｜ 違法性の承継（安全認定の違法）

　違法性の承継とは、ある行政処分を前提として後続する行政処分が行われた場合に、後続する行政処分の取消訴訟において、その違法事由として、先行する行政処分の違法を主張しうるか、という問題である（「先行処分の違法が後続処分に承継されるか」という問題の立て方がされることもある）。取消訴訟の排他的管轄との関係で、「先行する行政処分の違法性は当該処分の取消

---

[12] 南博方＝高橋滋『条解行政事件訴訟法〔第3版補正版〕』296頁。反対説として、塩野宏『行政法Ⅱ〔第5版補訂版〕』174頁。

訴訟において主張すべきであり、後続する行政処分の取消訴訟において先行処分の違法を主張することは許されないのではないか」が問題となる。

これまで違法性の承継を正面から認めた最高裁判例は存在しなかったが、下級審裁判例やかつての通説は、「先行行為と後行行為とが同一の目的を追求する手段と結果の関係をなし、これらが相結合して一つの効果を完成する一連の行為となっている場合」に違法性の承継を認めてきた[13]。そこでは、「先行行為と後行行為の一体性」という実体上の観点が重視されてきたといえよう。

このような状況下で、近時、最高裁判例として違法性の承継を正面から初めて肯定した前掲最判平成21・12・17が出された。

建築基準法43条1項は、建築物の敷地は道路に2メートル以上接するべきこと（接道義務）を定めているが、同条2項は、建築物の用途または規模の特殊性によりそれでは不十分な場合には、条例で必要な制限を付加することができるとしている。これを受け、東京都建築安全条例4条1項は、延べ面積1000平方メートルを超える建築物の敷地は、その延べ面積に応じて最低6メートル以上道路に接しなければならないと定める一方で、同条3項は、建築物の周囲の空地の状況等により知事が「安全上支障がない」と認める処分（安全認定）を行った場合には、同条1項は適用しないとしている。同条1項の接道要件を満たしていなかったことから、同条3項の安全認定を受けたうえで建築確認がされたという事案で、当該建築確認の取消訴訟において、安全認定の違法を主張することは許されるとしたのが、この判例である（なお、控訴審（東京高判平成21・1・14民集63巻10号2724頁）では、問題となった敷地の四囲の状況に鑑みれば、安全上支障がないという判断は明らかに合理的根拠を欠き、当該安全認定は裁量権を逸脱濫用したもので違法であるとの認定がされている）。

---

13 司法研修所編『改訂 行政事件訴訟の一般的問題に関する実務的研究』187頁。

173

第 7 章　建築確認をめぐる処分

　最高裁判所は、違法性の承継を肯定する理由として、「安全認定は、建築主に対し建築確認申請手続における一定の地位を与えるものであり、建築確認と結合して初めてその効果を発揮する」という実体上の理由（両行為の一体性）に加え、「安全認定について、その適否を争うための手続的保障がこれを争おうとする者に十分に与えられているというのは困難である」という手続上の理由をも掲げており、しかもそこでは、手続的保障の有無について具体的・実質的な判断がされている。こうした最高裁判所の判断枠組み・判断内容は、今後、「違法性の承継」が争われる他の訴訟においても、極めて重要な意義を有することとなろう。[14]

【書式 9】　訴状（建築確認処分取消請求事件）

```
                     訴　　状

                                       平成○○年○月○日
東京地方裁判所民事部　御中

              　　　原告訴訟代理人弁護士　　甲　川　太　郎

     〒○○○-○○○○　東京都○○区○○二丁目 5 番 13 号
                       原　　　告　　　○　○　○　○
     〒○○○-○○○○　東京都○○区○○三丁目 2 番 1 号
                       ○○法律事務所（送達場所）
                       電　話　(03) 0000-0000
                       ＦＡＸ　(03) 0000-0000
                       原告訴訟代理人弁護士　　甲　川　太　郎
     〒○○○-○○○○　東京都○○区○○一丁目 2 番 3 号
                       被告兼処分行政庁　　株式会社○○○○
                       同代表者代表取締役　　○　○　○　○
```

14　宇賀克也『行政法概説Ⅰ〔第 5 版〕』345 頁参照。

建築確認処分取消請求事件
　　訴訟物の価額　　　金160万円
　　貼用印紙額　　金1万3000円
第1　請求の趣旨
1　被告が株式会社××に対して平成○○年○月○日付けでした建築確認処分（建築確認番号○○）を取り消す
2　訴訟費用は被告の負担とする
との判決を求める。

第2　請求の原因
　1　本件確認処分
　被告は，建築確認の指定検査機関（建築基準法77条の18以下）として，平成○○年○月○日，株式会社××に対して，別紙物件目録記載（略）のマンション（以下「本件マンション」という。）に係る建築確認処分（建築確認番号○○）（以下「本件確認処分」という。）をした。
　2　本件確認処分の違法性
　本件マンションの敷地は，第一種低層住居専用地域内にあり，当該地域に関する都市計画において，建築物の高さの限度が12メートルとされている（建築基準法55条1項参照）。本件マンションの高さは11.5メートルということであり，一見すると，上記規制の範囲内にあるようにも見える。
　しかし，本件マンションの高さ算定の前提とされている地盤面は，かつてこの場所に寺院が存在した当時の現況地盤面より圧倒的に高く，意図的な盛土がなされている。
　建築基準法55条1項の建築物の高さは，地盤面からの高さによるものとされ（同法施行令2条1項6号），地盤面は「建築物が周囲の地面と接する位置の平均の高さにおける水平面をいい，その接する位置の高低差が3メートルを超える場合においては，その高低差3メートル以内ごとの平均の高さにおける水平面をいう」とされている（同条2項）。また，建築基準法56条の2第1項の日影規制に関して，定められた時間以上の日影を生じさせてはならないと定められている水平面は，平均地盤面から高さ1.5メートルの水平面とされ，平均地盤面からの高さとは「当該建築物が周囲の地面と接する位置の平均の高さにおける水平面からの高さをいう」とされている（同法別表第4）。

本件建築物は，その周囲に建築物本体と連接した擁壁との間に存在する空間に土を入れ込むことによって，これを「周囲の地面」として，地盤面を算定しているが，建築物たる構造物の中に土を入れることによって地盤面を作出できるとすれば，容易に地盤面を嵩上げして建築物の「高さ」を低くすることが可能になり，法が規定する高さ規制を潜脱できることとなる。
　したがって，構造上・機能上，建築物本体と一体となった擁壁は，地盤面を画する「建築物が周囲の地面と接する位置」の確定に当たって「建築物」として扱うべきであり，擁壁とその周囲の地面と接する位置をもって，地盤面を確定すべきである。
　そこで，これを前提に算定をすると，本件マンションの高さは13メートルということになるから，本件マンションは，建築基準法55条の高さ制限に違反している。本件確認処分は，かかる建築基準法上の規制違反を看過してなされたものであり，違法である。
　3　原告適格
　建築基準法6条及び6条の2の規定する建築確認処分は，建築物が建築される前の段階で，当該建築物に係る建築計画が建築基準関係規定に適合したものであることを公権的に確認する処分であって，これを受けなければ当該建築物に係る建築工事をすることができないという法的効果を付与されたものであるから，同法は，建築確認処分により，同法に違反した違法建築物の出現を防止することを目的としていると解される。
　上記建築基準関係規定として，容積率の制限（建築基準法52条），第1種低層住居専用地域及び第2種低層住居専用地域内における建築物の絶対的高さ制限（同法55条），前面道路の幅員や隣地境界線からの水平距離に応じた建築物の高さ制限（同法56条），日影による中高層建築物の高さ制限（同法56条の2），高度地区内の建築物の高さ制限（同法58条）等が定められているが，これらの定めは，その規制内容にかんがみれば，建築密度，建築物の規模等を規制することにより，建築物の敷地上に適度な空間を確保し，もって，当該建築物及びその周辺の建築物等における日照，通風，採光等を良好に保つことを目的とするものと解される。
　そして，上記各規定の趣旨に，建築基準法が，建築物の敷地，構造等に関する最低の基準を定めて国民の生命，健康及び財産の保護を図ることなどを目的とした法律である（同法1条）こと，上記各規制に違反する建築物が建

築された場合，これにより日照，採光，通風が阻害される周辺の他の建築物に居住する者に健康被害をもたらし得ることなどを併せて考慮すれば，建築確認処分は，建築物の建築に当たり，当該建築物及びその周辺の建築物における日照，採光，通風等を良好に保つことを目的とした隣地高さ制限その他の各規制を遵守させることにより，当該建築物により日照，採光，通風等を阻害される周辺の建築物に居住する者の健康を個々人の個別的利益としても保護する趣旨を含むことは明らかである。

　したがって，本件確認処分に係る本件マンションにより日照，採光，通風等を阻害される周辺の他の建築物に居住する者は，本件確認処分の取消しを求める法律上の利益を有し，その取消訴訟における原告適格を有するというべきである。

　原告は，本件マンションの北側隣接地にある１階建て家屋に居住しており（甲１～３），本件マンションが完成すると，原告の住居は，日中の大部分の時間帯にわたり日陰となる。したがって，原告は，本件マンションにより日照，採光，通風等を阻害される建築物に居住する者に該当し，本件確認処分の取消しを求める法律上の利益を有し，本訴の原告適格を有する。

　4　審査請求前置主義との関係（著しい損害を避けるための緊急の必要性）
　建築確認の取消訴訟は，原則として，当該建築確認処分について，適法な審査請求に対する建築審査会の裁決を経ていることが必要とされているが（建築基準法96条），原告は，本件確認処分について建築審査会に対する審査請求を行っていない。

　しかし，前述のとおり，原告は，本件マンションの北側隣接地にある１階建て家屋に居住しており，本件マンションの建築工事が続行され完成すると，著しい損害を被るおそれがある。

　そして，本件マンションの建築工事は，平成○○年○月ころ着工され，現在は仕上工事がされており，平成○○年○月末に完了検査，同年○月末に引渡しが予定され，完了間近の段階にある。そして，本件マンションの建築工事が完了すると，本件確認処分の取消しを求める訴えの利益は失われる（最高裁昭和59年10月26日第二小法廷判決・民集38巻10号1169頁参照）。そうなれば，本件確認処分の取消しを求める訴えは不適法なものとして却下されることになり，原告において本件マンションが完成することにより著しい損害を被ることを防止することができなくなる。

なお，他の手段，例えば民事訴訟により建築続行禁止の仮処分を求めることなども考えられないではないが，建築確認の要件を充足しないことそれ自体を理由として取消しを求めることができる建築確認取消訴訟とは認容されるための要件が異なるから，同訴訟と同じように損害の防止を図ることが可能であるとはいえない。

以上から，原告には，本件確認処分により生ずる著しい損害を避けるため，本件確認処分の取消しを求める緊急の必要があるから，行政事件訴訟法8条2項に基づき，審査請求に対する裁決を経ないでも，本訴を提起することが認められなければならない。

5 まとめ

よって，原告は，本件確認処分の取消しを求め，本訴に及ぶ次第である。

証 拠 方 法

甲第1号証	全部事項証明書（建物）
甲第2号証	住民票
甲第3号証	地図

附 属 書 類

1	訴状副本	1通
2	甲号証の写し	各2通
3	証拠説明書	2通
4	訴訟委任状	1通

【書式10】 執行停止申立書

執行停止申立書

平成○○年○月○日

東京地方裁判所民事部　御中

　　　　　　　　　　　　　申立人代理人弁護士　　甲　川　太　郎

　　〒○○○-○○○○　東京都○○区○○二丁目5番13号

　　　　　　　　　　申　　立　　人　　○　○　○　○
　　〒○○○-○○○○　東京都○○区○○三丁目２番１号
　　　　　　　　　　○○法律事務所（送達場所）
　　　　　　　　　　電　話　(03) 0000－0000
　　　　　　　　　　ＦＡＸ　(03) 0000－0000
　　　　　　　　　　申立人代理人弁護士　　甲　川　太　郎
　　〒○○○-○○○○　東京都○○区○○一丁目１番１号
　　　　　　　　　　相　　手　　方　　△　△　区
　　　　　　　　　　同代表者区長　　△　△　△　△

建築確認執行停止申立事件
　貼用印紙額　　金○○○○円
第１　申立ての趣旨
　東京都○○区建築主事が××に対して平成○○年○月○日付けでした建築確認処分（○都建（確）第○○号）の効力は，本案事件の裁判があるまで，これを停止する
との決定を求める。

第２　申立ての理由
　１　本案訴訟の提起
　申立人は，平成○○年○月○日，東京都○○区建築主事が××に対して平成○○年○月○日付けでした別紙１の物件目録記載の建築物（以下「本件建築物」という。）に係る建築確認処分（○都建（確）第○○号）（以下「本件処分」という。）の取消しを求める訴えを，御庁に提起した。
　２　申立人適格
　申立人は，東京都○○区○○二丁目３番４号所在の一戸建て住居を所有し（甲１），同所に居住している（甲２）。申立人の住居と本件建築物との位置関係は，別紙図面のとおりであり，両者は僅か約30メートルしか離れていない一方（甲３），本件建築物は地上13階建て・高さ50メートルに及ぶことが予定されている。したがって，申立人は，本件建築物の倒壊，炎上等により直接的な被害を受けることが予想される範囲の地域に存する建築物に居住し，かつこれを所有する者にあたる（最高裁平成14年１月22日判決（判例タイムズ

179

1088号127頁）参照）。

　以上から，申立人は，本件処分の取消しを求める原告適格を有し，したがって本件処分の効力の停止を求める申立人適格を有する。

　3　重大な損害を避けるため緊急の必要性
　(1)　重大な損害

　後記4に詳述するとおり，本件建築物には，安全上の観点（建築基準法第43条第2項参照）から東京都建築安全条例（昭和25年東京都条例第89号）（甲4。以下「本件条例」という。）第4条が定める接道義務の違反がある。

　したがって，本件建築物の建築工事が続行され完成すると，本件建築物から僅か30メートルしか離れていない住宅に居住し，かつこれを所有している申立人は，本件建築物の倒壊，炎上等により，その生命又は財産等に重大な損害を被るおそれがある。

　(2)　緊急の必要性

　本件建築物の建築工事は，平成○○年○月ころ着工され，現在は仕上工事がされており，平成○○年○月末に完了検査，同年○月末に引渡しが予定され，完了間近の段階にあるところ，本件建築物の建築工事が完了すると，本件処分の取消しを求める訴えの利益は失われる（最高裁昭和59年10月26日第二小法廷判決・民集38巻10号1169頁参照）。そうなれば，本件処分の取消しを求める訴えは不適法なものとして却下されることになり，申立人において建築確認に係る本件建築物の倒壊，炎上等により損害を被ることを防止することができなくなる。

　したがって，申立人において，本件処分の効力を停止する緊急の必要性があることも，明らかである。

　なお，他の手段，例えば民事訴訟により建築続行禁止の仮処分を求めることなども考えられないではないが，建築確認の要件を充足しないことそれ自体を理由として取消しを求めることができる建築確認取消訴訟とは認容されるための要件が異なるから，同訴訟と同じように損害の防止を図ることが可能であるとはいえない。

　(3)　以上から，申立人には，本件処分により生ずる重大な損害（本件処分に係る本件建築物の倒壊，炎上等による自己の生命，財産等の侵害）を避けるため，本件処分の効力を停止する緊急の必要がある。

　4　本案の理由

申立人は，既に提起している本件処分の取消訴訟において，本件建築物について○○区長がした安全認定処分（本件条例第4条第3項）は違法であるから，本件建築物は本件条例第4条第1項の接道義務に違反することを理由に，本件処分の取消しを求めている。

　すなわち，本件建築物は延べ面積が3000平方メートルを超える建物であるから，原則として，本件条例第4条第1項に基づき接道の長さが10メートル以上であることが求められる。したがって，その例外として，本件条例第4条第3項に基づく安全認定処分により当該接道義務が除外されることが許容されるためには，本件建築物の四囲の状況に照らし，同条第1項の接道の基準（10メートル以上）が充足されているのと同程度に，平常時の通行のみならず災害時における避難，消火及び救助活動に支障がない状況にあることが必要である。

　しかるに，本件建築物は，四方を他の住居に取り囲まれ，約20メートルの長さの幅員約8メートルの路地状敷地のみで道路に通じており，それによるほか外部に避難，通行ができない構造になっている（甲3・甲5）。したがって，本件建築物が，10メートル以上の道路に接道しているのと同程度に，平常時の通行のみならず災害時における避難，消火及び救助活動に支障がない状況にあるといえないことは明らかである。したがって，本件建築物について○○区長がした安全認定処分が合理的根拠を欠くことは明らかであって，同処分は違法であり，そうである以上，本件建築物は本件条例第4条第1項の接道義務に違反する。

　以上からすれば，本件が「本案について理由がないと見えるとき」（行政事件訴訟法第25条第4項）に該当しないことは明らかである。また，本件処分の執行停止は，本件建築物の周囲に住む申立人以外の居住者が本件建築物の倒壊，炎上等により生命，財産等の侵害を受けることを防止することにも資するものであり，公共の福祉にも適うものであるから，「公共の福祉に重大な影響を及ぼすおそれがあるとき」（同条同項）に該当しないことも明らかである。

　5　まとめ

　よって，申立人は，行政事件訴訟法第25条第2項に基づき，本件処分の効力の停止を求め，本申立てに及ぶ次第である。

第7章　建築確認をめぐる処分

疎　明　方　法

甲第1号証　　全部事項証明書（建物）
甲第2号証　　住民票
甲第3号証　　地図
甲第4号証　　「東京都建築安全条例」（昭和25年東京都条例第89号）
甲第5号証　　写真

附　属　書　類

1　申立書副本　　　　　1通
2　甲号証の写し　　　　各2通
3　証拠説明書　　　　　2通
4　委任状　　　　　　　1通

第 8 章

開発許可をめぐる処分

I　開発許可制度

1　制度趣旨

　都市計画法は、都市計画区域の内外において開発行為をしようとする者は、あらかじめ知事等の許可を受けなければならない旨を定めている（同法29条）。

　都市計画法に基づく開発許可制度は、もともと、高度成長時代に、都市化に伴うスプロール（無秩序に市街地が拡散し、道路や排水施設がないなどの不良な市街地が形成されるという現象）を防止することを主たる目的として創設された制度である。同法は、かかる目的を達成するために、都市計画区域を、①計画的な市街化を促進すべき「市街化区域」と、②原則として市街化を抑制すべき「市街化調整区域」に区分したうえで（同法7条参照）、①市街化区域では、開発を認めたうえでその水準を維持するための開発許可基準（同法33条）が適用されるのに対して、②市街化調整区域では、スプロール対策上支障がない、または支障はあるが認容すべき特別の必要性がある開発行為に限定して許可されることとしている（同法34条による基準の追加）。

　その後、モータリゼーションの進展等により都市的な土地利用が全国的に展開している状況を踏まえ、平成12年の法改正の際、一定の開発行為については都市計画区域外においても許可の対象とすることにより、都市計画区域の内外を問わず適正な都市的土地利用の実現を図ることが、開発許可制度の新たな役割として加えられた（同法29条2項等）。

2　開発行為

　開発許可を要する「開発行為」とは、都市計画法上、①「主として建築物の建築又は特定工作物の建設の用に供する目的で行う」、②「土地の区画形質の変更」と定義されている（同法4条12項）。

上記②にいう「土地の形質の変更」とは、切土、盛土または整地をいう。

3 開発許可の申請手続

　開発許可の申請は、知事等の許可権者に対して、「開発許可申請書」を提出して行うこととなるが（都計30条1項、同法施行規則15条、16条）、その添付書類として、区域内の地権者の相当数の同意書等が要求される（同法30条2項、同法施行規則17条）。

　知事は、開発許可申請書が到達したら遅滞なく審査を開始しなければならず（行手7条）、かつ遅滞なく許可・不許可の処分をしなければならない（都計35条1項）。処分をするには、文書をもって申請者に通知しなければならず（同条2項）、拒否処分をする場合は理由を示さなければならない（行手8条）。

4 開発許可処分後の開発行為

　開発許可がなされると、開発許可の内容等が開発登録簿に登録され、これが公衆の閲覧に供されるので（都計46条、47条）、開発登録簿をみれば、開発行為に伴う各種の制限・規制等の内容がわかることとなる。

　開発許可を受けた区域内の土地については、工事完了の公告がなされるまでの間は、原則として建築物・特定工作物の建築は禁止される（都計37条）。

　開発許可を受けた者は、開発行為に関する工事をすることとなるが、当該工事を完了したときは知事に届け出なければならない（都計36条1項）。この届出があると、知事は、当該工事が開発許可の内容に適合しているかどうかを検査し、適合していれば検査済証を交付し、工事完了の公告を行う（同条2項）。工事完了公告により、開発区域内における建築行為の禁止規制（同法37条）が解かれる。

　工事完了公告後は、開発許可の内容である予定建築物以外の建築物の新築が禁止される（都計42条）が、そのコントロールは、建築基準法に基づく建

築確認（建基6条）を通じてなされることとなる。すなわち、都市計画法29条1項または2項の規定が適用される建築物の建築確認申請には、同法29条1項または2項の規定に適合していることを証する書面（いわゆる「適合証明書」）の添付が要求されており（建築基準法施行規則1条の3第1項1号ロ(1)・表二(77)）、したがって、確認済証の交付を受けようとする者は、開発許可を得ていることを証する書面等の交付を知事に求めることができることとされている（同規則60条）。

II　争訟手段

1　審査請求前置主義

　開発許可申請に対する許可または不許可の処分に不服がある場合、あるいは処分がなされない場合は、開発審査会に対し、審査請求をすることができ（都計50条1項）、審査請求を受理した開発審査会は、2カ月以内に裁決を行う（同条2項）。審査請求適格については、後述する取消訴訟の原告適格と同様の基準により判断される。

　開発許可の取消訴訟は、原則として、開発許可処分について、適法な審査請求に対する開発審査会の裁決を経た後でなければ提起することができない（都計52条。審査請求前置主義）。

　ただし、著しい損害を避けるために緊急の必要があるとき等は、裁決を経ずに取消訴訟を提起することも認められる（行訴8条2項）。後述のとおり、開発行為に関する工事の完了後は開発許可の取消しを求める利益が失われるとされているから、これとの関係で、「緊急の必要」があることを主張することも考えられる。

　審査請求は、処分のあったことを知った日から60日以内にしなければならない（行審14条）。60日を徒過すると、審査請求を起こすことができないばかりでなく、審査請求前置主義との関係で、原則として取消訴訟を提起する

こともできなくなるので、十分注意が必要である。

2 段階に応じた争訟手段

〔図5〕 開発許可にかかわる争訟手段

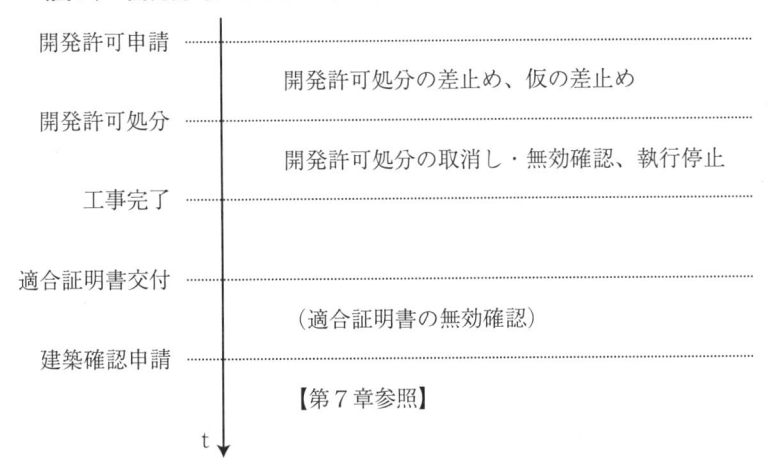

```
開発許可申請 ……┐
              │    開発許可処分の差止め、仮の差止め
開発許可処分 ……┤
              │    開発許可処分の取消し・無効確認、執行停止
  工事完了 ……┤
              │
適合証明書交付 ……┤
              │    （適合証明書の無効確認）
建築確認申請 ……┤
              │    【第7章参照】
              ↓
              t
```

(1) 開発許可申請後・開発許可処分前

(ア) 差止請求

　開発許可申請がされた後、許可または不許可の処分がされる前の段階では、許可処分がされることを事前に阻止する手段として、開発許可処分の差止請求（行訴37条の4）がある。請求の趣旨は、「被告は、○○に対し、別紙開発行為につき都市計画法29条1項に基づく開発許可処分をしてはならない」などと表現される。

　開発許可処分がされる前であるから、審査請求前置主義は問題とならない。

　原告適格は、取消訴訟と同様の基準により判断される（行訴37条の4第3項・4項）。

　また、差止請求の場合、原告適格の先の問題として「重大な損害を生ずるおそれ」があると認められる必要がある。

　この点、広島地判平成21・10・1判時2078号164頁〔鞆の浦埋立免許差止

事件〕は、埋立免許の差止めが争われた事案において、景観利益を法的保護の対象と認めたうえで、処分後の取消訴訟および執行停止によって権利救済が得られるような損害であれば「重大な損害」とはいえないとの解釈を前提に、以下の事由から、損害の重大性を認め、結論として差止請求を認容しており、参考となる。

① 本件埋立免許がなされたならば、事業者らは、遅くとも約3カ月後には工事を開始すると予測され、本体コンクリート工は、そのさらに約5カ月後に完成するものと計画されていること
② 本件は争点が多岐にわたり、その判断は容易でないこと等からすれば、処分後に取消訴訟と執行停止の申立てをしたとしても、直ちに執行停止の判断がなされるとは考えがたいこと
③ 景観利益は、日々の生活に密接に関連した利益といえること
④ 景観利益は、一度損なわれたならば、金銭賠償によって回復することは困難な性質のものであること

　　㈥　仮の差止めの申立て

　開発許可処分の差止請求訴訟を提起した場合でも、同訴訟の判決が出るまでの間に開発許可処分がされてしまうことを防ぐことはできない。

　そこで、差止請求訴訟を本案事件として、仮の差止めを求める申立てをすることができる（行訴37条の5第2項）。申立ての趣旨は、「相手方は、本案事件の第1審判決言渡しまで、○○に対して別紙開発行為につき都市計画法29条1項に基づく開発許可処分をしてはならない」などと表現される。

　仮の差止めの積極要件として、「償うことのできない損害を避けるため緊急の必要」があることと、「本案について理由があると見える」ことが要求される。

　東京地決平成20・3・27裁判所ウェブサイトは、開発許可等の仮の差止めの申立てについて、申立人が主張した、①本件マンションからの落下物の危険、本件マンション駐車場から出庫する車両による歩行者の通行への危険、

②周辺の住環境および道路への悪影響、③本件マンション建築工事による周辺家屋の倒壊の危険について、「いずれも抽象的なものにとどまり、現実にいかなる程度の損害が生ずる見込みがあるのかを疎明するに足りる資料もない」、「本件各処分がなされることによって<u>直ちに</u>発生する種類の危険ではない」（下線筆者。以下同じ）として、申立てを却下している。

開発許可処分それ自体によって「直ちに」発生する損害というのは、通常想定しがたいから、上記裁判例は、「緊急の必要性」の要件を狭く解しすぎているように思われる。

これに対して、広島地決平成20・2・29判時2045号98頁〔鞆の浦埋立免許仮の差止め事件〕は、「当該行政処分それ自体によって直接的に発生する損害」だけでなく、「当該行政処分それ自体ではなくこれに基づく執行によって発生する損害」であっても緊急の必要性が認められる場合があると判示している。

いずれにしても、想定される損害の内容を、客観的な資料に基づき具体的に示すことが必要であることは、言うまでもない。

なお、開発許可に関するものではないが、市立保育所廃止処分の差止めに関して仮の差止めを認めた裁判例として、神戸地決平成19・2・27裁判所ウェブサイトがある。

> **判例Check**
>
> ○建築確認等の仮の差止め申立事件（東京地決平成20・3・27裁判所ウェブサイト）
>
> マンションの建設予定地の周辺に居住する住民および本店を有する法人である申立人らが、本件マンションの建設に係る渋谷区長による都市計画法29条1項に基づく開発許可並びに東京都知事による建築基準法59条の2に基づく総合設計許可および同法6条に基づく建築確認の差止めを求める訴訟を本案事件として、その仮の差止めを求めた事案である。裁判所は、申立人が主

張した、①本件マンションからの落下物の危険、本件マンション駐車場から出庫する車両による歩行者の通行への危険、②周辺の住環境および道路への悪影響、③本件マンション建築工事による周辺家屋の倒壊の危険について、「いずれも抽象的なものにとどまり、現実にいかなる程度の損害が生ずる見込みがあるのかを疎明するに足りる資料もないから、事後の損害賠償等の救済手段によっては賄えないとはいいがたい。また、上記各損害は、本件マンションが建設され実際に利用されることによって生じる危険（筆者注：①および②の損害）や本件マンションの建設工事によって生じる危険（筆者注：③の損害）であり、本件各処分がなされることによって直ちに発生する種類の危険ではないから、仮に当該危険があるとしても、本件各処分がなされた後に、その取消しの訴えを提起するとともにその執行の停止を求めるといった方法によっても、その損害の発生を避ける上で時機を失するということはいえない」として、申立てを却下した。

> 判例 Check

○鞆の浦埋立免許仮の差止め事件（広島地決平成20・2・29判時2045号98頁）

　広島県福山市の鞆地区住民である申立人らが、県知事が県および市からの本件公有水面の埋立免許付与申請に対して、公有水面埋立法2条に基づいて免許を付与することの差止めを求める訴訟を本案として、免許付与がなされれば償うことのできない損害が生じるから、これを避ける緊急の必要があるとして、免許付与処分の仮の差止めを申し立てた事案において、「『償うことができない損害を避けるため緊急の必要』がある場合については、当該行政処分それ自体によって直接的に発生する損害が償うことのできないものである場合がこれに当たるのはもちろんであるが、当該行政処分それ自体ではなくこれに基づく執行によって発生する損害であっても、それが償うことのできない損害であり、かつ、当該行政処分がなされた以降間もない時期に同執行が着手されることが見込まれる等の事情から当該行政処分がなされた後直ちに取消訴訟を提起すると同時に執行停止を申し立てて執行停止の決定を受けたとしても、その損害の発生を防止できない場合もこれに当たると解する

のが相当である」としたうえで、「緊急の必要性」がないとして、申立てを却下した。

(2) 開発許可処分後・工事完了前
(ア) 取消訴訟と無効確認訴訟

開発許可がされた後は、当該開発許可の取消訴訟を提起することになる。ただし、原則として審査請求を経なければならないことは、前述のとおりである。

審査請求を経た場合は、これに対する裁決があったことを知った日から6カ月を経過した時、または当該裁決の日から1年を経過した時は、原則として、取消訴訟を提起することができない（行訴14条1項・2項）。

上記の出訴期間が経過した後でも、瑕疵が重大（かつ明白）であれば、開発許可の無効確認訴訟（行訴3条4項）を提起することができる。なお、無効確認訴訟の存在意義は、処分に重大（かつ明白）な瑕疵がある場合は出訴期間経過後であってもその効力を覆すことができる点にあり、出訴期間内であれば重大な瑕疵であっても取消訴訟を提起すれば足りる。大阪地判平成20・5・16判時2027号7頁は、取消訴訟が適法であれば、併合提起された無効確認訴訟は訴えの利益を欠き、却下される旨を判示している。

(イ) 工事完了による「訴えの利益」の喪失

開発許可の取消訴訟については、最判平成5・9・10民集47巻7号4955頁が、開発許可は「あらかじめ申請に係る開発行為が都市計画法33条所定の要件に適合しているかどうかを公権的に判断する行為であって、これを受けなければ適法に開発行為を行うことができないという法的効果を有するものであるが、許可に係る開発行為に関する工事が完了したときは、開発許可の有する右の法的効果は消滅する」から、「開発行為に関する工事が完了し、検査済証の交付もされた後」は、開発許可の取消訴訟は訴えの利益を欠くに至ると判示している。これにより、取消訴訟の途中で工事が完了してしまうと、

「訴えの利益なし」として、その時点で訴えが却下されることとなる点に注意が必要である。

判例の理由づけによれば、無効確認訴訟についても同様に、工事完了後は無効確認の利益が失われると解されよう。

(ウ) 執行停止の申立て

開発許可の取消訴訟を提起しても、それだけでは開発許可の効力（＝当該開発行為が可能となること）は妨げられない（行訴25条1項）。したがって、そのままでは工事を続行されてしまい、その結果、取消訴訟の途中で工事が完了してしまうと、前述のとおり、訴えの利益が失われることとなる。

そこで、開発許可の取消訴訟を提起する場合、これとともに、取消訴訟の被告を相手方として、当該開発許可の執行停止の申立て（行訴25条2項）を行うことが考えられる。申立ての趣旨は、「相手方が○○に対して平成××年×月×日付けでした開発許可処分の効力は、本案訴訟に関する判決が確定するまでこれを停止する」などと表現される。

執行停止の要件として、本案訴訟（取消訴訟）が適法に提起されていることが要求されることから、取消訴訟の原告適格を有する者が取消訴訟を提起したうえで申立てを行うことが必要である。

また、申立人は、当該処分により生ずる重大な損害を避けるため緊急の必要があることを疎明することが必要であり（行訴25条2項・5項）、これに対して相手方は「本案について理由がないと見えるとき」（同条4項）にあたるなどとして、これを争うことになる。

執行停止の申立ての認容例としては、建築確認に関する東京高決平成21・2・6判自327号81頁がある（第7章Ⅱ2(2)(ウ)参照）。

(3) **工事完了後**

前述のとおり、開発行為に係る工事完了後、建築物の建築確認申請を行おうとする者は、いわゆる「適合証明書」の交付を知事に求めることになるが、適合証明書の交付には処分性がないとされている（東京高判平成12・4・13判

自204号68頁)。

したがって、この段階で争おうとする場合には、「適合証明書」を踏まえてなされた建築確認の効力を争うことになる。

Ⅲ　原告適格（申立人適格）

1　判断基準

　取消訴訟の原告適格について、行政事件訴訟法9条1項は、「法律上の利益を有する者」と定めているところ、その具体的意味については、以下のように解されている（最大判平成17・12・7民集59巻10号2645頁等参照）。

① 「法律上の利益を有する者」とは、当該処分により自己の権利もしくは法律上保護された利益を侵害され、または必然的に侵害されるおそれのある者をいう（法律上保護された利益説）。

② 当該処分を定めた行政法規が、不特定多数者の具体的利益をもっぱら一般的公益の中に吸収解消させるにとどめず、それが帰属する個々人の個別的利益としてもこれを保護すべきものとする趣旨を含む場合には、このような利益もここにいう法律上保護された利益にあたる。

　そして、上記の点を判断するにあたっての解釈規定が、行政事件訴訟法9条2項におかれている。

　このような判断枠組みの下で、開発許可処分等の取消訴訟の原告適格について、具体的には以下のとおり解されている。

2　具体例

(1) がけ崩れ等による被害

　がけ崩れ等による被害との関係では、最判平成9・1・28民集51巻1号250頁が、「都市計画法33条1項7号は、開発区域内の土地が、地盤の軟弱な土地、がけ崩れ又は出水のおそれが多い土地その他これらに類する土地であ

るときは、地盤の改良、擁壁の設置等安全上必要な措置が講ぜられるように設計が定められていることを開発許可の基準としている」こと等を根拠に、「開発区域内の土地が同号にいうがけ崩れのおそれが多い土地等に当たる場合には、がけ崩れ等による直接的な被害を受けることが予想される範囲の地域に居住する者は、開発許可の取消しを求めるにつき法律上の利益を有する者として、その取消訴訟における原告適格を有する」と判示している。

なお、上記最判は、「都市計画法の目的を定める同法1条の規定及び都市計画の基本理念を定める同法2条の規定には、開発区域周辺の住民個々人の個別的利益を保護する趣旨を含むことをうかがわせる文言は見当たらないが、そのことは、同法33条1項7号に関する以上の解釈を妨げるものではない」とも判示しており、この点は、他の法令を根拠に取消訴訟を提起する場合にも参考とすることができる。

(2) 溢水等による被害

溢水等の被害との関係では、東京地判平成24・10・5判自373号97頁が、「都市計画法33条1項3号は、排水路その他の排水施設が、開発区域内の下水を有効に排出するとともに、その排出によって開発区域及びその周辺の地域に溢水等による被害が生じないような構造及び能力で適当に配置されるように設計が定められていることを開発許可の基準としている。……同号の趣旨・目的、同号が開発許可を通して保護しようとしている利益の内容・性質等に鑑みれば、同号は、溢水等のおそれのない良好な都市環境の保持・形成を図るとともに、溢水等による被害が直接的に及ぶことが予想される開発区域内外の一定範囲の地域の住民の生命・身体の安全等を個々人の個別的利益としても保護すべきものとする趣旨を含むものと解すべきである」として、「当該開発区域において溢水等が発生した場合に、その直接的な被害を受けることが予想される範囲の地域に居住する者」については、開発許可の取消訴訟における原告適格を肯定した。

このほか、都市計画法33条1項2号について、火災等の被害との関係で同

様に判示したものとして、名古屋地判平成24・9・20裁判所ウェブサイトがある。

(3) **景観利益**

景観利益については最判平成18・3・30民集60巻3号948頁〔国立マンション事件〕が有名である。ただし、同最判は、あくまでも景観利益が民法709条に規定される「法律上保護される利益」にあたる旨を判示したにとどまり、ここから直ちに行政訴訟の原告適格が肯定されるわけではないことに、注意が必要である。

この点、埋立免許の差止めが争われた前掲広島地判平成21・10・1〔鞆の浦埋立免許差止事件〕も、鞆の浦における景観利益が、「私法上の法律関係において、法律上保護に値する」と認定したうえで、「そこで、さらに進んで、上記のような利益を有する者が、行訴法の法律上の利益をも有する者といえるか否かについて検討する」と論を進めている。そして、埋立免許の根拠法令である公有水面埋立法（以下、「公水法」という）の規定内容やその趣旨を具体的に検討したうえで、「公水法及びその関連法規は、法的保護に値する、鞆の景観を享受する利益をも個別的利益として保護する趣旨を含むものと解するのが相当である」として、原告適格を肯定する結論を導いている。

極めて参考になる裁判例ではあるが、あくまでも公水法等との関係において景観利益を「法律上保護された利益」と認めたものであり、開発許可の根拠法令である都市計画法との関係において原告適格が認められるかは、別問題である。開発許可をめぐる差止め・取消訴訟における否定例として、大阪地判平成20・8・7判タ1303号128頁がある。

(4) **開発区域内の地権者**

開発許可の基準を定める都市計画法33条1項は、14号で、開発行為をしようとする土地等につき当該開発行為の施行等の妨げとなる権利を有する者の相当数の同意を得ていることを許可基準と定めている。

そこで、この同意権者であることをもって、開発許可の取消訴訟等の原告

195

適格が認められるかが問題となる。

　しかし、開発許可に「相当数の同意」が要求されている趣旨は、当該開発行為の妨げとなる権利を有する者の同意を得させることによって、開発行為の完遂の確実性を確認する一方で、許可が得られるかどうか不明の段階で全員の同意を得ることを要件とするのは、開発行為の申請者に対して過大な経済的危険負担を負わしめることとなるおそれがあることが考慮されたものにすぎない。すなわち、当該開発行為の申請者は開発行為の許可を受けたからといって、そのことにより当然に当該開発区域等について何らかの私法上の権利、権原を取得するものではなく、不同意者の土地において、使用権限を得ないまま工事を強行しようとすれば、当該不同意者としては、自らの所有権等に基づき工事差止めの仮処分・請求等の措置をとることができる。

　したがって、開発許可がされたからといって、不同意者の権利は何ら侵害されることにはならず、開発許可の取消訴訟等の原告適格の根拠とはならないと解されている（前掲最判平成5・9・10、横浜地判平成6・1・17判自124号68頁）。

(5) 先行する開発許可の関係者

　大阪高判平成20・7・31判時2059号26頁は、先行する開発許可（第1開発許可）に係る開発区域の地権者であり、同開発許可の実質上の申請者が、同開発許可と矛盾する、すなわち互いの関係者の利害が対立する結果となる後行の開発許可（第2開発許可）の取消し等を求めた事案である。

　裁判所は、開発許可基準に関する規定の具体的内容を検討したうえで、「所有者らの土地所有権等の財産権についても、物理的な被害のみならず、既に住宅等の開発が行われ、ないし計画されている場合において、これに対し直接的に著しい支障を受け、財産上の著しい被害を受けるおそれがある場合、そのような被害を受けないという利益をも、一般的な公益の中に吸収解消させるものとすることなく、個別的利益として保護するべきものとする趣旨を含むものと解するのが相当である」として、原告適格を肯定した。

Ⅳ　本案での争点

1　違法事由

　開発許可取消訴訟において、原告側は、通常、申請に係る開発行為の内容が開発許可基準（都計33条、34条）に適合しない旨を主張することになる。

　このほか、開発許可申請手続（都計30条等）に何らかの法令違反がある場合には、そのことも違法事由として主張することができる。

2　自己の法律上の利益に関係のない違法

　もっとも、「取消訴訟においては、自己の法律上の利益に関係のない違法を理由として取消しを求めることができない」と定める行政事件訴訟法10条1項が障害となることもあるので、留意が必要である。

　横浜地判平成11・4・28判タ1027号123頁は、行政事件訴訟法10条1項の「自己の法律上の利益に関係のない違法」とは、「行政庁の処分に存する違法のうち、原告の権利利益を保護する趣旨で設けられたのではない法規に違反した違法を意味する」とし、都市計画法33条1項14号（相当数の同意を得ていること）に違反する事実があったとしても、それを取消しの理由として主張することはできないと判示している。

　また、前掲東京地判平成24・10・5は、都市計画法33条1項2号違反の主張に対し、同号は「開発区域内の環境の保全、災害の防止、通行の安全及び事業活動の効率化を図る趣旨にとどまり、本件開発区域外に居住する原告らの法律上の利益を保護する趣旨を含むものと解することはできない」として、原告らの主張は、「自己の法律上の利益に関係のない違法」を主張するものであって許されないと判示している。

【書式11】 開発許可の仮の差止め申立書

仮の差止め申立書

平成○○年○月○日

○○地方裁判所民事部　御中

申立人代理人弁護士　甲　川　太　郎

〒○○○-○○○○　○○県○○市○○二丁目5番13号
申　　立　　人　　○　○　○　○

〒○○○-○○○○　○○県○○市○○三丁目2番1号
○○法律事務所（送達場所）
電　話　(0000) 00-0000
ＦＡＸ　(0000) 00-0000
申立人代理人弁護士　甲　川　太　郎

〒○○○-○○○○　○○県○○市○○一丁目1番1号
相　　手　　方　　○　　○　　県
代 表 者 県 知 事　△　△　△　△

開発許可仮の差止め申立事件
　貼用印紙額　　金○○○○円

第1　申立ての趣旨
1　○○県知事は，本案（当庁平成○○年（行ウ）第○○号開発許可差止請求事件）の第一審判決の言渡しまで，○○に対し，別紙開発行為につき都市計画法29条第1項に基づく開発許可処分をしてはならない
2　申立費用は相手方の負担とする
との決定を求める。

第2　申立ての理由
　1　本案訴訟の提起
　　申立人は，平成○○年○月○日，○○県知事を被告として，○○による別

紙開発行為（以下「本件開発行為」という。）に係る開発許可申請について開発許可処分（以下「本件処分」という。）をしてはならないことを求める差止請求訴訟（御庁平成〇〇年（行ウ）第〇〇号開発許可差止請求事件）（以下「本案訴訟」という。）を提起している。

2　申立人適格

申立人は，本件開発行為に係る土地（以下「本件土地」という。）と隣接している〇〇県〇〇市〇〇二丁目5番13号所在の土地に一戸建て住居を所有し（甲1），同所に居住している（甲2）。本件土地と申立人の住居がある土地との境界は，長さ約100メートルに及ぶがけの一部であり（本件土地が高台側にある。甲3），かつて，このがけは，近隣土地においてがけ崩れを起こし，甚大な被害を生じさせたことがあるが（甲4），その後，特段の対策がとられないまま現在に至っている。

ここで，最高裁平成9年1月28日判決（民集51巻1号250頁）は，「開発区域内の土地が同号にいうがけ崩れのおそれが多い土地等に当たる場合には，がけ崩れ等による直接的な被害を受けることが予想される範囲の地域に居住する者は，開発許可の取消しを求めるにつき法律上の利益を有する者として，その取消訴訟における原告適格を有する」と判示している。

前記のとおり，近隣土地において過去にがけ崩れがあった事実に照らせば，本件土地が「がけ崩れのおそれが多い土地」に当たることは明らかであり，したがって，その直下に居住する申立人は，開発許可の差止め及び仮の差止めを求める法律上の利益を有する者として，申立人適格を有する。

3　償うことのできない損害を避けるための緊急の必要性

(1)　償うことのできない損害

本件土地は，がけ崩れのおそれが多い土地であるにもかかわらず，本件開発行為においては，地盤の改良，擁壁又は排水施設の設置その他安全上必要な措置が講ぜられるように設計が定められていない。

したがって，本件処分がなされ本件開発行為が実施された結果，がけ崩れが発生することとなれば，本件土地のがけを隔てた直下に住居を所有し居住する申立人には，その生命又は財産等に償うことのできない損害が生じるおそれがある。

なお，申立人に生じる損害は，本件処分それ自体によって発生するものではなく，本件処分を受けて実施される本件開発行為によって発生する性

質のものであるが，このことを理由に行政事件訴訟法第37条の5第2項にいう「その差止めの訴えに係る処分又は裁決がされることにより生ずる」損害という要件を否定する解釈は，同条項を空文化するものであり，仮の差止めが制度として認められている趣旨を没却するものであることを付言しておく。

(2) 緊急の必要性

申立人が取り得る法的手段として，本件処分がされた後に直ちにその取消訴訟を提起するとともに，執行停止の申立てをすることも考えられないではない。

しかしながら，本件処分がなされれば，○○は，直ちに本件開発行為に係る工事に着手し，土地の掘り起し作業等を開始することが見込まれる一方で，取消訴訟提起後，執行停止の決定を得るまでには，どんなに短期間で審理が行われたとしても，一定の期間を要する。本件土地のようにがけ崩れのおそれが多い土地において，がけ崩れの防止等の安全上必要な措置が講じられないまま，ひとたび工事が開始すれば，たとえば工事開始直後に大量の降雨があった場合には，がけ崩れが発生する著しい危険が生じることになる。

したがって，本件において，申立人としては，本件処分の差止めを求めるとともに，差止訴訟の審理中に本件処分がされてしまうことを防ぐために，仮の差止めを求める緊急の必要性がある。

(3) 以上から，申立人には，本件処分により生ずる償うことのできない損害を避けるため，本件処分の仮の差止めを求める緊急の必要がある。

4 本案の理由

申立人は，既に提起している本案訴訟において，本件開発行為は都市計画法第33条第1項第7号に違反し，これにより申立人に重大な損害が生ずるおそれがあることを理由に，本件処分の差止めを求めている（行政事件訴訟法第37条の4）。

すなわち，前記のとおり本件土地はがけ崩れのおそれが多い土地であるにもかかわらず，本件開発行為においては，擁壁又は排水施設の設置その他安全上必要な措置が講ぜられるような設計が何ら定められておらず，都市計画法第33条第1項第7号が定める開発許可の基準に適合していない。そして，このような開発行為に対して開発許可処分がなされ工事が開始すれば，申立

人に重大な損害が生じるおそれがあることは，前記3で述べたところと同様である。

したがって，本件が「本案について理由があると見えるとき」（行政事件訴訟法第37条の5第2項）に該当することは明らかである。また，本件処分の仮の差止めは，本件土地におけるがけ崩れの発生により申立人以外の周辺住民等の生命，財産等に被害が生じることの防止にも資するものであり，公共の福祉に適うものであるから，「公共の福祉に重大な影響を及ぼすおそれがあるとき」（同条第3項）に該当しないことも明らかである。

5　まとめ

よって，申立人は，行政事件訴訟法第37条の5第2項に基づき，本件処分の仮の差止めを求め，本申立てに及ぶ次第である。

疎　明　方　法

甲第1号証　　全部事項証明書（建物）
甲第2号証　　住民票
甲第3号証　　写真
甲第4号証　　新聞記事

附　属　書　類

1　申立書副本　　　　1通
2　甲号証の写し　　　各2通
3　証拠説明書　　　　2通
4　委任状　　　　　　1通

第9章 産業廃棄物処理施設・処理業をめぐる処分

第9章　産業廃棄物処理施設・処理業をめぐる処分

I　産業廃棄物処理の許可制度

1　廃棄物の定義と分類

　「廃棄物」とは、廃棄物の処理及び清掃に関する法律（以下、「廃掃法」という）2条1項において、「ごみ、粗大ごみ、燃え殻、汚泥、ふん尿、廃油、廃酸、廃アルカリ、動物の死体その他の汚物又は不要物であって、固形状又は液状のもの（放射性物質及びこれによって汚染された物を除く。）」と定義されている。

　そして、この定義中の「不要物」とは、「自ら利用し又は他人に有償で譲渡することができないために事業者にとって不要になった物」をいい、これに該当するか否かは、①その物の性状、②排出の状況、③通常の取扱い形態、④取引価値の有無および⑤事業者の意思等を総合的に勘案して決するものと

〔図6〕　廃棄物の種類

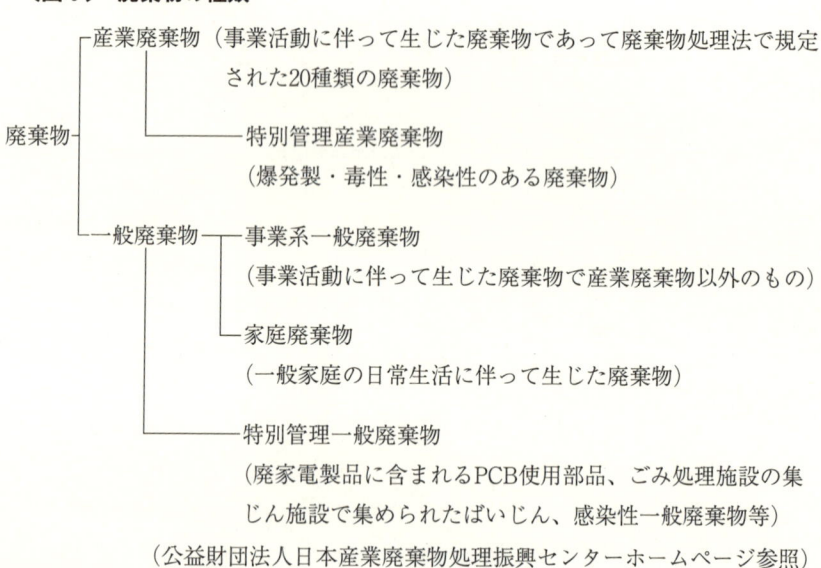

```
廃棄物 ─┬─ 産業廃棄物（事業活動に伴って生じた廃棄物であって廃棄物処理法で規定
        │                された20種類の廃棄物）
        ├─ 特別管理産業廃棄物
        │   （爆発製・毒性・感染性のある廃棄物）
        └─ 一般廃棄物 ─┬─ 事業系一般廃棄物
                        │   （事業活動に伴って生じた廃棄物で産業廃棄物以外のもの）
                        ├─ 家庭廃棄物
                        │   （一般家庭の日常生活に伴って生じた廃棄物）
                        └─ 特別管理一般廃棄物
                            （廃家電製品に含まれるPCB使用部品、ごみ処理施設の集
                            じん施設で集められたばいじん、感染性一般廃棄物等）
```
（公益財団法人日本産業廃棄物処理振興センターホームページ参照）

されている（総合判断説。最判平成11・3・10刑集53巻3号339頁）。

廃棄物は、排出原因や種類により、〔図6〕のとおり分類される。

産業廃棄物に該当する20種類の廃棄物は、廃掃法2条4項1号を受けて、廃掃法施行令2条に規定されている。

2 廃棄物の「処理」とその許可制度

廃棄物の「処理」とは、廃棄物の「分別、保管、収集、運搬、再生、処分等」のことをいう（廃掃1条）。具体的には、〔図7〕のとおり、廃棄物が排出された後、最終処分に至るまでの一連の行為を一括して、廃棄物の「処理」という。

〔図7〕 廃棄物の「処理」

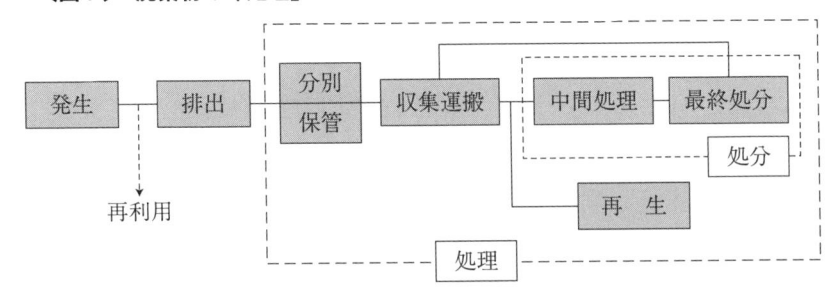

```
発生 → 排出 → 分別保管 → 収集運搬 → 中間処理 → 最終処分
                                              処分
  ↓                              再 生
 再利用
                           処理
```

（公益財団法人日本産業廃棄物処理振興センターホームページ参照）

廃棄物の「処理」のうち、「収集又は運搬」を業として行おうとする者は、一般廃棄物の場合は市町村長の許可を、産業廃棄物の場合は都道府県知事の許可を、それぞれ受けなければならないこととされている（廃掃7条1項、14条1項、14条の4第1項）。

また、廃棄物の「処理」のうち、「処分」を業として行おうとする者は、上記「収集又は運搬」の許可とは別に、一般廃棄物の場合は市町村長の許可を、産業廃棄物の場合は都道府県知事の許可を、それぞれ受けなければならない（廃掃7条6項、14条6項、14条の4第6項）。

ただし、自らが排出した産業廃棄物の運搬・処分をする事業者、もっぱら

再生利用の目的となる産業廃棄物のみの収集・運搬・処分をする事業者等は、許可は不要である。

　一方、廃棄物処理施設を設置しようとする者は、上記「業の許可」とは別に、都道府県知事から、同施設の「設置の許可」を受けなければならない（廃掃8条1項、15条1項）。

〈表6〉　廃掃法による「許可」

	廃棄物処理業		処理施設設置
	収集・運搬業	処分業	
一般廃棄物	7条1項 （市町村長）	7条6項 （市町村長）	8条1項 （都道府県知事）
産業廃棄物	14条1項 （都道府県知事）	14条6項 （都道府県知事）	15条1項 （都道府県知事）
特別管理産業廃棄物	14条の4第1項 （都道府県知事）	14条の4第6項 （都道府県知事）	

　したがって、たとえば、産業廃棄物処理施設を新設したうえで、他人が排出した産業廃棄物を収集・運搬し処分する事業を営もうとする場合には、廃掃法の定めるところにより、「施設設置の許可」、「収集・運搬業の許可」および「処分業の許可」をそれぞれ取得する必要があることになる。

　下記3で述べるとおり、「処分業の許可」を受けるためには、許可要件として「処分に適する処理施設を有すること」が求められる。そこで、通常は、施設設置の許可を受けて設置工事を行った後に、業の許可を受けることになる。

3　許可要件

(1)　施設設置の許可

(ア)　設置許可を要する産業廃棄物処理施設

産業廃棄物処理施設の設置許可については、あらゆる廃棄物処理施設につ

いて、許可を要することとされているわけではない。処理をする廃棄物の種類によっては、処理能力が一定以上の施設だけが、設置許可の対象とされている。

たとえば、「水銀又はその化合物を含む汚泥のばい焼施設」や「石綿（アスベスト）含有産業廃棄物の溶融施設」は、処理能力を問わず設置許可の対象とされているのに対し、「廃プラスチック類の破砕施設」は、1日あたりの処理能力が5トン超の施設だけが設置許可の対象とされている（廃掃法施行令7条）。

したがって、「施設の設置には許可を要しないけれど、その施設を使用して廃棄物処理業を営むことについては許可を要する」という場合があることに、注意が必要である。

　　(イ)　設置要件

産業廃棄物処理施設の設置要件は、〈表7〉のとおりである（廃掃15条の2第1項、廃掃法施行規則12条以下）。

後述のとおり、産業廃棄物処理施設をめぐる差止め・取消訴訟の本案審理においては、許可要件への該否が争われることになる。

〈表7〉　産業廃棄物処理施設の設置要件

積極要件	設置計画に係る基準	技術上の基準に適合していること	全施設に共通する基準	①自重、積載荷重その他の荷重、地震力および温度応力に対して構造耐力上安全であること
				②産業廃棄物、産業廃棄物の処理に伴い生ずる排ガスおよび排水、施設において使用する薬剤等による腐食を防止するために必要な措置が講じられていること
				③産業廃棄物の飛散および流出並びに悪臭の発散を防止するために必要な構造のものであり、

積極要件	設置計画に係る基準	技術上の基準に適合していること	全施設に共通する基準	または必要な設備が設けられていること
				④著しい騒音および振動を発生し、周囲の生活環境を損なわないものであること
				⑤施設から排水を放流する場合は、その水質を生活環境保全上の支障が生じないものとするために必要な排水処理設備が設けられていること
				⑥産業廃棄物の受入設備および処理された産業廃棄物の貯留設備は、施設の処理能力に応じ、十分な容量を有するものであること
			施設の種類ごとの基準	廃掃法施行規則12条の2第2～16項
		周辺地域の生活環境の保全および周辺施設について適正な配慮がされたものであること		
	申請者の能力に係る基準	産業廃棄物処理施設の設置および維持管理を「的確に」行うに足りる「知識及び技能」を有すること		
		産業廃棄物処理施設の設置および維持管理を「的確に、かつ、継続して」行うに足りる「経理的基礎」を有すること		
消極要件	申請者が、廃掃法上の業の許可を取り消されてから5年経過しない者等、一定の欠格事由のいずれにも該当しないこと			

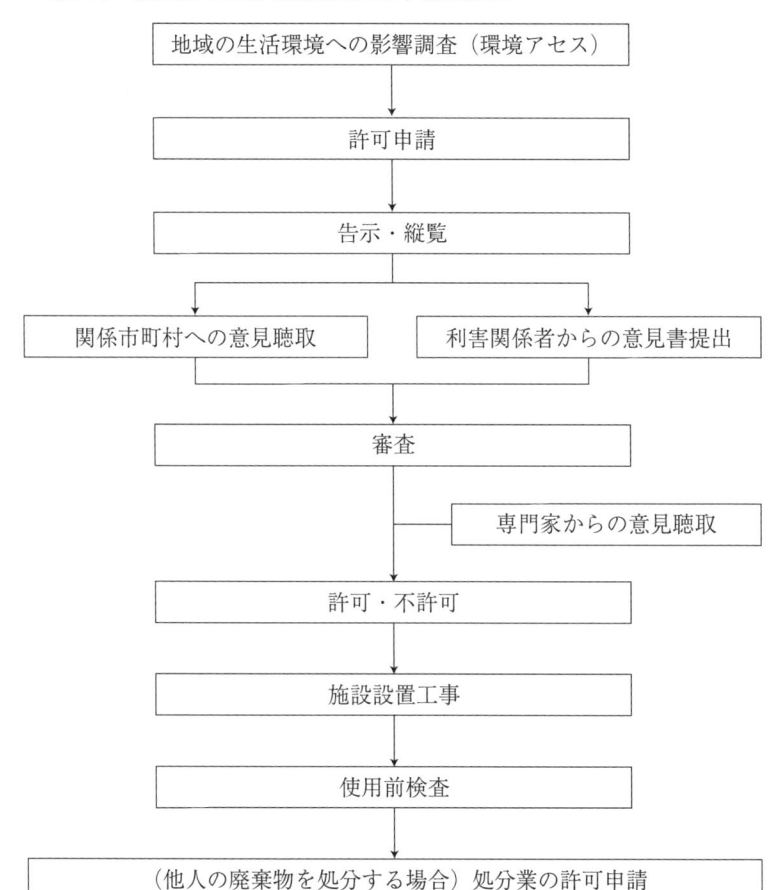

〔図8〕 設置許可に係る廃掃法上の手続の流れ

```
地域の生活環境への影響調査（環境アセス）
            ↓
         許可申請
            ↓
         告示・縦覧
            ↓
  ┌─────────┴─────────┐
関係市町村への意見聴取   利害関係者からの意見書提出
  └─────────┬─────────┘
            ↓
          審査 ← 専門家からの意見聴取
            ↓
        許可・不許可
            ↓
        施設設置工事
            ↓
         使用前検査
            ↓
（他人の廃棄物を処分する場合）処分業の許可申請
```

(ウ)　設置許可に係る廃掃法上の手続の流れ

　産業廃棄物処理施設の設置許可に係る廃掃法上の手続の流れは、〔図8〕のとおりである。

　なお、多くの都道府県では、廃棄物処理施設を設置する場合には、廃掃法に基づく許可申請を行う前に、「指導要綱」等に従った「事前協議」を行うことが求められているので、その点にも留意が必要である。

(ア)　生活環境影響調査（環境アセス）

産業廃棄物処理施設の設置許可申請書には、当該施設を設置することが周辺地域の生活環境に及ぼす影響についての調査（いわゆる「環境アセス」）の結果を記載した書類を添付しなければならない（廃掃15条3項）。具体的な記載内容は、廃掃法施行規則11条の2に定められている。

調査項目は、「大気質、騒音、振動、悪臭、水質又は地下水」のうち、当該施設の設置により周辺地域の生活環境に影響を及ぼすおそれがあるものである。

(イ)　告示・縦覧

都道府県知事は、産業廃棄物処理施設の設置許可申請があった場合には、遅滞なく、申請事項等を告示するとともに、申請書および上記(ア)の生活環境影響調査（環境アセス）結果を、告示の日から1カ月間公衆の縦覧に供しなければならない（廃掃15条4項）。

この手続を通じて、周辺住民等としては、設置が計画されている処理施設の概要を知るとともに、環境影響やその調査手法の妥当性を吟味することができる。

(ウ)　意見聴取

都道府県知事は、上記(イ)の告示をしたときは、遅滞なく、その旨を当該施設の設置に関し生活環境の保全上関係がある市町村長に通知し、期間を指定して意見を聞かなければならない（廃掃15条5項）。

さらに、都道府県知事は、施設設置の許可をする場合においては、あらかじめ、当該施設の設置計画・維持管理計画が、周辺地域の生活環境の保全および周辺施設について適正な配慮がなされたものであるかについて、専門的知識を有する者の意見を聞かなければならないこととされている（廃掃15条の2第3項）。この手続に対応するため、「専門委員会」や「専門家会議」を設置している地方公共団体もある。

(D) 意見書の提出

上記(イ)の告示があったときは、当該施設の設置に関し利害関係を有する者は、縦覧期間満了の日の翌日から起算して2週間が経過する日までに、都道府県知事に生活環境の保全上の見地からの意見書を提出することができる（廃掃15条6項）。

(E) 使用前検査

産業廃棄物処理施設の設置許可を受けた者は、当該施設について、都道府県知事の検査を受け、設置許可申請書に記載した設置計画に適合していると認められた後でなければ、これを使用できない（廃掃15条の2第5項）。使用前検査の申請書およびその添付書類については、廃掃法施行規則12条の4に定めがある。

(2) 業の許可

「収集・運搬業」および「処分業」のそれぞれの許可要件は、廃掃法および同法施行規則に定められている。

たとえば、産業廃棄物処分業の許可要件は、〈表8〉のとおりである（廃掃14条10項、廃掃法施行規則10条の5）。

〈表8〉 産業廃棄物処分業の許可要件

積極要件	施設に係る基準	当該産業廃棄物の処分に適する処理施設を有すること
	申請者の能力に係る基準	①産業廃棄物の処分を「的確に」行うに足りる「知識及び技能」を有すること
		②産業廃棄物の処分を「的確に、かつ、継続して」行うに足りる「経理的基礎」を有すること
消極要件	申請者が、廃掃法上の業の許可を取り消されてから5年経過しない者等、一定の欠格要件のいずれにも該当しないこと	

Ⅱ 争訟手段

1 段階に応じた争訟手段

〔図9〕 産業廃棄物処理施設・処理業にかかわる争訟手段

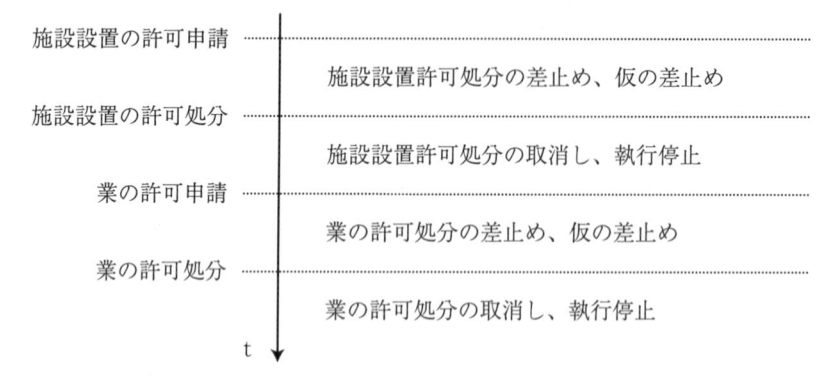

施設設置の許可申請 ┈┈┈┈┈┈┈┈┈┈┈┈┈┈┈┈┈┈┈┈┈
　　　　　　　　　　　施設設置許可処分の差止め、仮の差止め
施設設置の許可処分 ┈┈┈┈┈┈┈┈┈┈┈┈┈┈┈┈┈┈┈┈┈
　　　　　　　　　　　施設設置許可処分の取消し、執行停止
業の許可申請 ┈┈┈┈┈┈┈┈┈┈┈┈┈┈┈┈┈┈┈┈┈┈┈┈
　　　　　　　　　　　業の許可処分の差止め、仮の差止め
業の許可処分 ┈┈┈┈┈┈┈┈┈┈┈┈┈┈┈┈┈┈┈┈┈┈┈┈
　　　　　　　　　　　業の許可処分の取消し、執行停止
t

(1) **許可申請後・処分前**

　(ア) 差止請求

「施設設置の許可」および「業の許可」のいずれについても、事業主による許可申請がされた後であり、かつ市町村長または都道府県知事等による許可処分がされる前の段階では、許可処分がされることを事前に阻止する手段として、許可処分の差止請求（行訴37条の4）がある。請求の趣旨は、「○○市長は、△△が廃棄物の処理及び清掃に関する法律14条6項に基づいて平成××年×月×日に○○市長に対して行った産業廃棄物処分業許可申請に対し、許可をしてはならない」などと表現される。

　原告適格は、取消訴訟と同様の基準により判断される（行訴37条の4第3項・4項）。また、差止請求の場合、原告適格の先の問題として「重大な損害を生ずるおそれ」があると認められる必要がある。

　大阪地判平成18・2・22判タ1221号238頁は、「重大な損害を生ずるおそれ」の要件について、一定の処分により損害を生ずるおそれがある場合であ

っても、処分後に取消訴訟を提起して執行停止を受けることにより避けることができるような性質、程度のものであるときはこれにあたらないとの判断を示し、結論として申立てを却下している。

(イ) 仮の差止めの申立て

「施設設置の許可処分」または「業の許可処分」の差止請求訴訟を提起した場合でも、同訴訟の判決が出るまでの間に許可処分がされてしまうことを防ぐことはできない。

そこで、差止請求訴訟を本案事件として、仮の差止めを求める申立てをすることができる（行訴37条の5第2項）。申立ての趣旨は、「○○市長は、本案事件の第1審判決言渡しまで、△△が廃棄物の処理及び清掃に関する法律14条6項に基づいて平成××年×月×日に○○市長に対して行った産業廃棄物処分業許可申請に対し、許可をしてはならない」などと表現される。

仮の差止めの積極要件として、「償うことのできない損害を避けるため緊急の必要」があることと、「本案について理由があると見える」ことが要求される。

大阪地決平成17・7・25判タ1221号260頁は、①予定されている産業廃棄物処理施設の構造、設備、②処分が予定されている産業廃棄物の種類、量、③処理の方法、態様、④処理の過程で用いられる設備機器の種類、能力等に照らすと、粉じんの飛散、汚水の流出や地下への浸透、騒音および振動等が、申立人らの「生命、健康を著しく害するような性質のものであるとまでは認めることは困難」であるとして、「償うことのできない損害」の要件を満たさないと判示している。

産業廃棄物処理施設・処理業に関するものではないが、市立保育所廃止処分の差止めに関して仮の差止めを認めた裁判例として、神戸地決平成19・2・27裁判所ウェブサイトがある。

(2) 許可処分後

「施設設置の許可処分」または「業の許可処分」がされた後は、当該処分の取消訴訟を提起することになる。

もっとも、取消訴訟を提起しても、それだけでは許可処分の効力は妨げられない（行訴25条1項）。

そこで、取消訴訟を提起する場合、これとともに、当該許可処分の執行停止の申立て（行訴25条2項）を行うことが考えられる。申立ての趣旨は、「○○県知事が△△に対し、平成××年×月×日付け許可番号○○をもってした産業廃棄物処理施設の設置に係る許可の効力は、本案訴訟に関する判決が確定するまでこれを停止する」などと表現される。

執行停止の要件として、本案訴訟（取消訴訟）が適法に提起されていることが要求されることから、取消訴訟の原告適格を有する者が取消訴訟を提起したうえで申立てを行うことが必要である。

また、申立人は、「当該処分により生ずる重大な損害を避けるため緊急の必要があること」を疎明する必要があり（行訴25条2項・5項）、これに対して相手方は「本案について理由がないと見えるとき」（同条4項）にあたるなどとして、これを争うことになる。

奈良地決平成21・11・26判タ1325号91頁は、問題とされた施設の周辺住民は、同施設からの有害物質の飛散等により、生命・身体に重大な被害を受けるおそれがあり、「その蓋然性は極めて高く、金銭賠償によって回復することは困難というべき」であると判断し、執行停止の申立てを認容しており、参考となる。

2 人格権に基づく差止請求

廃棄物処理施設については、従来から、周辺住民が、事業者を被告として、人格権（環境権）に基づいてその設置・使用・操業の差止めを求める例が少なくないが、本書が対象とする「行政処分」に対する差止め・取消訴訟では

ないことから、ここでは割愛する。

比較的最近の認容例としては、水戸地判平成17・7・19判時1912号83頁があり、棄却例としては、福島地いわき支判平成13・8・10判タ1129号180頁、福岡高判平成15・10・27判タ1168号215頁がある。

III 原告適格

1 判断基準

取消訴訟の原告適格について、行政事件訴訟法9条1項は、「法律上の利益を有する者」と定めているところ、その具体的意味については、以下のように解されている（最大判平成17・12・7民集59巻10号2645頁等参照）。

① 「法律上の利益を有する者」とは、当該処分により自己の権利もしくは法律上保護された利益を侵害され、または必然的に侵害されるおそれのある者をいう（法律上保護された利益説）。

② 当該処分を定めた行政法規が、不特定多数者の具体的利益をもっぱら一般的公益の中に吸収解消させるにとどめず、それが帰属する個々人の個別的利益としてもこれを保護すべきものとする趣旨を含む場合には、このような利益もここにいう法律上保護された利益にあたる。

そして、上記の点を判断するにあたっての解釈規定が、行政事件訴訟法9条2項におかれている。

このような判断枠組みの下で、廃棄物処理施設・処理業をめぐる取消訴訟の原告適格について、具体的には以下のとおり解されている。

---

1 淡路剛久「人格権・環境権に基づく差止請求権」判タ1062号150頁参照。

2 具体例

(1) 排出される有害物質等により重大な被害を直接受けるおそれのある者

　産業廃棄物処理施設・処理業に係る許可処分取消訴訟においては、排出される有害物質や、騒音・振動等により、生命または健康等に係る重大な被害を直接受けるおそれのある者に、原告適格が認められる。

　たとえば、産業廃棄物処分業の許可処分の差止めが争われた前掲大阪地判平成18・2・22は、「産業廃棄物が適正に処理されない場合に生じる産業廃棄物の飛散、流出、地下への浸透、悪臭の発散又は排ガス、排水、騒音及び振動等により生命、健康又は生活環境に係る著しい被害を直接的に受けるおそれのある者」には原告適格があるとして、当該施設の予定地に隣接して居住し、または事業に従事している者に加え、当該土地から約50メートル離れた場所に居住している者等についても、原告適格を肯定している（なお、その一方で、「生命、健康又は生活環境に係る著しい被害を受けないという利益に加えて、……所有権、営業上の利益その他の財産上の権利、利益をも個々人の個別的利益として保護すべきものとする趣旨を含むものと解することはできない」として、法人の原告適格は否定されている）。

　また、産業廃棄物処理施設の設置許可処分の取消しが争われた千葉地判平成19・8・21判時2004号62頁は、①周辺地域で井戸からくみ上げた地下水を生活用水および農業用水として利用している者について、「本件処分場から有害な浸出水が排出された場合に、生命又は身体等に係る重大な被害を直接に受けるおそれがある」として、②処分場から約600メートルの地域に居住し、約200メートルの地域で畑を耕作している者について、「焼却灰を含んだ大気を一定程度、継続的に吸引した場合については、生命又は身体等に係る重大な被害を直接に受けるおそれがある」として、それぞれ原告適格を認めている。なお、この判決は、「原告適格の有無は訴訟要件であり、訴訟の入

り口の段階で行われるべきものであることからすれば、その判断は社会通念による概括的な程度で足りるものと解するべきである」という指摘がされている点でも、注目される。

(2) 同じ地域ですでに許可を受けている事業者

一般廃棄物の収集運搬業・処分業に係る許可更新処分の取消訴訟について、近時、「市町村長から一定の区域につき既に廃棄物処理法7条に基づく一般廃棄物処理業の許可又はその更新を受けている者は、当該区域を対象として他の者に対してされた一般廃棄物処理業の許可処分又は許可更新処分について、その取消しを求めるにつき法律上の利益を有する者として、その取消訴訟における原告適格を有する」とした注目すべき最高裁判決が出された（最判平成26・1・28判時2215号67頁）。

判例 Check

〇一般廃棄物処理業許可取消等、損害賠償請求事件（最判平成26・1・28判時2215号67頁）

市長から廃棄物の処理及び清掃に関する法律に基づく一般廃棄物収集運搬業の許可およびその更新を受けている上告人が、市長により同法に基づいて有限会社に対する一般廃棄物収集運搬業の許可更新処分並びに被上告補助参加人に対する一般廃棄物収集運搬業および一般廃棄物処分業の許可更新処分がされたことにつき、被上告人を相手に、上記各許可更新処分は違法であると主張してそれらの取消しを求めるとともに、国家賠償法1条1項に基づく損害賠償を求めた事案である。最高裁判所は、「市町村長から一定の区域につき既に一般廃棄物処理業の許可又はその更新を受けている者がある場合に、当該区域を対象として他の者に対してされた一般廃棄物処理業の許可又はその更新が、当該区域における需給の均衡及びその変動による既存の許可業者の事業への影響についての適切な考慮を欠くものであるならば、許可業者の濫立により需給の均衡が損なわれ、その経営が悪化して事業の適正な運営が害され、これにより当該区域の衛生や環境が悪化する事態を招来し、ひいては一定の範囲で当該区域の住民の健康や生活環境に被害や影響が及ぶ危険が

生じ得る」等の理由から、「市町村長から一定の区域につき既に廃棄物処理法７条に基づく一般廃棄物処理業の許可又はその更新を受けている者は、当該区域を対象として他の者に対してされた一般廃棄物処理業の許可処分又は許可更新処分について、その取消しを求めるにつき法律上の利益を有する者として、その取消訴訟における原告適格を有する」（下線筆者。以下同じ）と判示した。

　もっとも、上記最判は、その理由中で「市町村長が一般廃棄物処理業の許可を与え得るのは、当該市町村による一般廃棄物の処理が困難である場合に限られており、これは、一般廃棄物の処理が本来的には市町村がその責任において自ら実施すべき事業であるため、その処理能力の限界等のために市町村以外の者に行わせる必要がある場合に初めてその事業の許可を与え得るとされたものであると解されること、上記のとおり一定の区域内の一般廃棄物の発生量に応じた需給状況の下における適正な処理が求められること等からすれば、廃棄物処理法において、一般廃棄物処理業は、専ら自由競争に委ねられるべき性格の事業とは位置付けられていないものといえる」と述べており、このようにいうことはできない産業廃棄物処理施設・処理業については、（経理的基礎等が要件とされている点では、一般廃棄物処理施設・処理業の場合と共通するものの）直ちに同じ判断がされるものではないことに留意が必要である。

Ⅳ　本案での争点

　本案においては、許可処分が前述した許可要件を満たさず、違法であることを主張することになる。

　技術的基準の要件については、自らが受けるおそれのある損害との関係で主張しやすいのに対して、「経理的基礎」の要件については、どのような場合に違法となるのかが、必ずしも判然としない。

　この点、前掲千葉地判平成19・8・21は、「経理的基礎」の要件については、「一次的には公衆の生命、身体の安全及び環境上の利益を一般的公益として保護しようとしたものと解され、産業廃棄物処理説一般について、直接

的に産業廃棄物処理施設の周辺に居住する者の生命、身体の安全等を個々人の個別的利益として保護する趣旨を含むと解することは困難である」としたうえで、「設置段階の設置者の資金計画等からして、およそ管理型最終処分場の適正な設置及び維持管理が困難であるとか、不適正な産業廃棄物の処分が行われるおそれが著しく高いなど、管理型処分場の<u>周辺住民が生命又は身体等に係る重大な被害を直接に受けるおそれのある災害等が想定される程度に経理的基礎を欠くような場合</u>」に限り、この事由により違法となる旨判示している（結論として、違法性を認め、許可処分を取消し）。

【書式12】 訴状（産業廃棄物処理施設設置許可処分取消請求事件）

訴　　状

平成〇〇年〇月〇日

〇〇地方裁判所民事部　御中

原告訴訟代理人弁護士　　甲　川　太　郎

〒〇〇〇-〇〇〇〇　△△県〇〇市二丁目5番13号
　　　　　　　　原　　　　告　　〇　〇　〇　〇

〒〇〇〇-〇〇〇〇　△△県〇〇市〇〇三丁目2番1号
　　　　　　　　〇〇法律事務所（送達場所）
　　　　　　　　電　話　(0000) 00-0000
　　　　　　　　ＦＡＸ　(0000) 00-0000
　　　　　　　　原告訴訟代理人弁護士　　甲　川　太　郎

〒〇〇〇-〇〇〇〇　△△県〇〇市1丁目1番1号
　　　　　　　　被　　　　告　　△　　△　　県
　　　　　　　　同代表者兼処分行政庁　　△△県知事〇〇〇〇

産業廃棄物処理施設設置許可処分取消請求事件
　　訴訟物の価額　　　金160万円
　　貼用印紙額　　　　金1万3000円

第9章　産業廃棄物処理施設・処理業をめぐる処分

第1　請求の趣旨
1　△△県知事が，株式会社××に対して，平成○○年○月○日付け許可番号○○-○をもってした産業廃棄物処理施設の設置に係る許可を取り消す
2　訴訟費用は被告の負担とする
との判決を求める。

第2　請求の原因
　1　本件処分
　株式会社××（以下「××社」という。）は，一般廃棄物及び産業廃棄物の処理，運搬収集等の事業等を目的とする資本金1億円の株式会社である。
　××社は，平成○○年○月○日，△△県知事に対し，別紙1「設置場所目録」記載の土地（以下「本件土地」という。）に，廃棄物の処理及び清掃に関する法律施行令7条14号ハ所定の産業廃棄物の最終処分場（以下「本件処分場」という。）の設置許可申請をし，△△県知事は，平成○○年○月○日，××社に対し，本件処分場の設置を許可する旨の処分（以下「本件処分」という。）をした。
　2　本件処分の違法性
　　(1)　「経理的基礎」の要件
　　　産業廃棄物処理施設の設置許可基準の一つとして，廃棄物の処理及び清掃に関する法律（以下「廃掃法」という。）15条の2第1項3号は，「申請者の能力がその産業廃棄物処理施設の設置に関する計画及び維持管理に関する計画に従って当該産業廃棄物処理施設の設置及び維持管理を的確に，かつ，継続して行うに足りるものとして環境省令で定める基準に適合するものであること」と定め，これを受けた廃棄物の処理及び清掃に関する法律施行規則（以下「廃掃法施行規則」という。）12条の2の3第2号は，「産業廃棄物処理施設の設置及び維持管理を的確に，かつ，継続して行うに足りる経理的基礎を有すること」と定めている。
　　　その趣旨は，人体に有害な物質を取り扱う産業廃棄物処理施設については，設置者の経理的な基礎が不十分であれば，産業廃棄物の不適正な処分や施設の不適正な設置・管理が行われる可能性があり，その結果，有害な物質が許容限度を超えて排出され，その周辺に居住等する者の生命，身体に重大な危害を及ぼすなどの災害を引き起こすことがあり得ることを踏ま

え，単に健全な経営の維持にとどまらず，施設の安全面をも資金的観点から担保する点にある。

(2) ××社の経理的基礎の脆弱性

会社法440条1項及び同法939条1項1号に基づき官報に公告されている××社の最近5年分の貸借対照表（甲1の1～5）を見ると，××社においては，直近2～3年の間に，借入金の額が急増し，自己資本比率が10％未満にまで急落していることが分かる。また，現時点では資本の欠損は生じていないが，直近2～3年間で純資産額が大幅に減少しており（すなわち毎年多額の赤字を出している。），早晩，資本欠損，さらには債務超過の状態となることが必至である。

以上に照らせば，××社は，財政面において，およそ本件処分場の適正な維持管理を行うことはできないというべきであり，仮に，××社により本件処分場が建設されその操業が開始されれば，不適正な産業廃棄物の処分が行われることとなるおそれが著しく高い状況にある。かかる状況の下では，有害な物質が許容限度を超えて排出され，その周辺に居住等する者の生命，身体に重大な危害を及ぼすなどの災害を引き起こす事故等が想定される。

したがって，××社が，本件処分の時点において，「産業廃棄物処理施設の設置及び維持管理を的確に，かつ，継続して行うに足りる経理的基礎」を有していなかった（当然ながら，現時点においても有していない。）ことは明らかである。

本件処分は，廃掃法等の定める許可基準を満たしておらず，違法である。

3 原告適格

(1) 許可基準を定める廃掃法の規定の趣旨

行政事件訴訟法9条は，取消訴訟の原告適格について規定するが，同条1項にいう当該処分の取消しを求めるにつき「法律上の利益を有する者」とは，当該処分により自己の権利若しくは法律上保護された利益を侵害され，又は必然的に侵害されるおそれのある者をいうのであり，当該処分を定めた行政法規が，不特定多数者の具体的利益を専ら一般的公益の中に吸収解消させるにとどめず，それが帰属する個々人の個別的利益としてもこれを保護すべきものとする趣旨を含むと解される場合には，このような利益もここにいう法律上保護された利益に当たり，当該処分によりこれを侵

害され又は必然的に侵害されるおそれのある者は，当該処分の取消訴訟における原告適格を有する。

　産業廃棄物処理施設の設置許可要件として，「産業廃棄物処理施設の設置及び維持管理を的確に，かつ，継続して行うに足りる経理的基礎を有すること」と定める廃掃法15条の2第1項3号及び廃掃法施行規則12条の2の3第2号は，前述のとおり，同施設の不適正な設置・維持管理により有害な物質が許容限度を超えて排出され，その周辺に居住等する者の生命，身体に重大な危害を及ぼすなどの災害を引き起こすような事態を未然に防止する点にある。そうである以上，これらの規定は，産業廃棄物処理施設の周辺に居住等し，当該施設から有害な物質が排出された場合に直接的かつ重大な被害を受けることが想定される範囲の住民の生命，身体の安全等を，個々人の個別的利益としても保護すべきものとする趣旨を含むものである。
　したがって，産業廃棄物処理施設の周辺に居住等する住民のうち，当該施設から有害な物質が排出されることにより生命又は身体等に係る重大な被害を直接に受けるおそれのある者は，当該施設設置許可の取消しを求めるにつき法律上の利益を有する者として，その取消訴訟における原告適格を有する。

(2) 原告が「生命・身体等に係る重大な被害を直接受ける」こと
　原告は，別紙2「原告位置関係図」の赤線囲み枠内の飯岡台地の肩書き住所地に居住して，井戸からくみ上げた地下水を飲用その他の生活用水として利用している。したがって，本件処分場から有害な浸出水が排出された場合，原告は，生命又は身体等に係る重大な被害を直接に受けるおそれがある。
　以上より，原告は，本件処分の取消訴訟における原告適格を有する者にあたる。

4　まとめ
よって，原告は，本件処分の取消しを求め，本訴に及ぶ次第である。

証　拠　方　法

甲第1号証　　　××社の貸借対照表（最近5年分）

附　属　書　類

1	訴状副本	1通
2	甲号証の写し	各2通
3	証拠説明書	2通
4	訴訟委任状	1通

第10章 原子力発電所の設置許可処分

I 改正原子炉規制法と再稼働申請

　東日本大震災（平成21年3月11日）に伴い福島第一原子力発電所において未曾有の大事故が発生したことを契機に、原子力規制委員会設置法が制定され、原子力安全・保安院と原子力安全委員会に代わり、原子力利用に係る安全規制行政を一元的に担う新たな組織として原子力規制委員会が設置された。また、あわせて「核原料物質、核燃料物質及び原子炉の規制に関する法律」（以下、「原子炉規制法」という）の大幅な改正が行われた。

　改正原子炉規制法では、発電用原子炉を設置しようとする者は、原子力規制委員会の許可を受けなければならないこととされ、その許可基準が定められている（原子炉規制法43条の3の5第1項、43条の3の6第1項）。

　また、原子炉設置許可を受けた者が、「発電用原子炉施設の位置、構造及び設備」や「事故が発生した場合における当該事故に対処するために必要な施設及び体制の整備に関する事項」等を変更しようとするときは、原子力規制委員会の許可を受けなければならない（原子炉規制法43条の3の8第1項）。

　原子炉設置許可・原子炉設置変更許可の基準の1つとして、「発電用原子炉施設の位置、構造及び設備が核燃料物質若しくは核燃料物質によって汚染された物又は発電用原子炉による災害の防止上支障がないものとして原子力規制委員会規則で定める基準に適合するものであること」が要求されており（原子炉規制法43条の3の6第1項4号、43条の3の8第2項）、ここでいう「原子力規制委員会規則」として、「実用発電用原子炉及びその附属施設の位置、構造及び設備の基準に関する規則」が定められ、さらにその解釈指針として「実用発電用原子炉及びその附属施設の位置、構造及び設備の基準に関する規則の解釈」と題する規程が制定・施行されている。これら規則および規程で示された基準は、一般に、「新規制基準」とよばれている。

〔図10〕　新規制基準

> 発電用原子炉施設の位置・構造・設備が核燃料物質等による災害の防止上支障がないものとして原子力規制委員会規則で定める基準に適合すること
>
> ⇩
>
> 「実用発電用原子炉及びその附属施設の位置、構造及び設備の基準に関する規則」
> 　※同規則の解釈指針あり

　東日本大震災の発生後、国内の原子炉は全機が運転を停止したが、停止中の原子炉の運転を再開させるには、発電用原子炉設置者（電力会社）は、原子炉設置変更許可の申請を行い、新安全基準に適合することの確認を得て、同許可処分を受けることが必要である。また、原子力規制委員会から、工事計画の認可を受けること（原子炉規制法43条の3の9）、および保安規定の変更認可（同法43条の3の24）を受けることも必要である。

　これら①原子炉設置変更許可申請、②工事計画認可申請および③保安規定変更認可申請をあわせて、一般に、「再稼働申請」とよばれている。それぞれの申請について、許可基準・認可基準を満たしていると認められれば、原子力規制委員会による許可処分・認可処分がされることになる。

〔図11〕　再稼働申請

> ①原子炉設置変更許可申請　（⇒ 許可処分）
> ②工事計画認可申請　　　　（⇒ 認可処分）
> ③保安規定変更認可申請　　（⇒ 認可処分）

　国内の各原子炉に係る再稼働申請の申請内容および審査状況は、原子力規制委員会のホームページ〈http://www.nsr.go.jp/〉で公表されている。

II 争訟手段

1 抗告訴訟と民事差止訴訟

原子力発電所の設置に反対する周辺住民がとりうる手段としては、①処分行政庁である原子力規制委員会が所属する国を被告として、原子炉設置（変更）許可処分等の取消しまたは無効確認を求める抗告訴訟を提起する方法と、②原子力発電所を設置し稼働させる電力会社を被告として、人格権・環境権を根拠として、当該発電所の建設・運転の差止めを求める民事訴訟を提起する方法とがある。本書が検討対象とするのは、上記①である。

抗告訴訟（上記①）の場合は、「原子炉設置（変更）許可処分等の違法性」が審理対象となるから、許可処分等にあたり用いられた基準の合理性や、当該基準への適合性が争われることになる。これに対して、民事差止訴訟（上記②）の場合は、当該原子力発電所の危険性の存否それ自体が審理の対象となる。

2 審査請求前置主義

原子炉規制法に基づく原子炉設置（変更）許可申請に対する許可または不許可の処分に不服がある場合は、処分のあったことを知った日の翌日から起算して60日以内（かつ処分のあった日の翌日から起算して原則として1年以内）に、処分庁である原子力規制委員会に対して異議申立てをすることができる（行審6条、3条2項、45条、48条、14条3項）。

原子炉規制法に基づく原子炉設置（変更）許可申請に対する許可または不許可の処分の取消訴訟は、原則として、原子力規制委員会に対する上記異議申立てに対する決定を経た後でなければ、提起することができない（審査請求前置主義。原子炉規制法70条2項、行訴8条1項ただし書（なお、同法3条3項で「審査請求」には異議申立てが含まれるものと定義されている））。

異議申立てについての前記期間制限を遵守しないと、異議申立てをすることができないばかりでなく、審査請求前置主義との関係で、行政事件訴訟法8条2項が定める例外に該当する場合を除き、取消訴訟を提起することもできなくなるので、十分注意が必要である。

3 段階に応じた争訟手段

(1) 原子炉設置（変更）許可処分前

㋐ 差止請求

電力会社による原子炉設置（変更）許可申請後、原子力規制委員会による処分がされる前の段階では、許可処分がされることを事前に阻止する手段として、原子炉設置（変更）許可処分の差止請求（行訴37条の4）がある。請求の趣旨は、「処分行政庁は、○○に対し、別紙原子炉設置変更計画につき核原料物質、核燃料物質及び原子炉の規制に関する法律43条の3の8第1項に基づく許可をしてはならない」などと表現することになる。

処分がされる前であるから、審査請求前置主義は問題とならない。

原告適格は、取消訴訟と同様の基準により判断される（行訴37条の4第3項・4項）。また、差止請求の場合、原告適格の先の問題として「重大な損害を生ずるおそれ」があると認められる必要がある。

㋑ 仮の差止めの申立て

原子炉設置（変更）許可の差止請求訴訟を提起した場合でも、同訴訟の判決が出るまでの間に設置許可処分がされてしまうことを防ぐことはできない。

そこで、差止請求訴訟を本案事件として、仮の差止めを求める申立てをすることができる（行訴37条の5第2項）。申立ての趣旨は、「処分行政庁は、本案事件の第一審判決言渡しまで、○○に対して別紙原子炉設置変更計画につき核原料物質、核燃料物質及び原子炉の規制に関する法律43条の3の8第1項に基づく許可をしてはならない」などと表現されることになる。

仮の差止めの積極要件として、「償うことのできない損害を避けるため緊

急の必要」があることと、「本案について理由があると見える」ことが要求される。

原子炉設置許可に関するものではないが、市立保育所廃止処分の差止めに関して仮の差止めを認めた裁判例として、神戸地決平成19・2・27裁判所ウェブサイトがある。

(2) 原子炉設置（変更）許可処分後

(ア) 取消訴訟と無効確認訴訟

原子炉設置（変更）許可処分がされた後は、当該許可処分の取消訴訟を提起することになる。ただし、原則として原子力規制委員会に対する異議申立てを経なければならないことは、前述のとおりである。

異議申立てを経た場合は、これに対する決定があったことを知った日から6カ月を経過したとき、または当該決定の日から1年を経過したときは、原則として、取消訴訟を提起することができない（行訴14条1項・2項）。

上記の出訴期間が経過した後でも、瑕疵が重大（かつ明白）であれば、許可処分の無効確認訴訟（行訴3条4項）を提起することができる。なお、無効確認訴訟の存在意義は、処分に重大（かつ明白）な瑕疵がある場合は出訴期間経過後であってもその効力を覆すことができる点にあり、出訴期間内であれば重大な瑕疵であっても取消訴訟を提起すれば足りる。

(イ) 執行停止の申立て

原子炉設置（変更）許可処分の取消訴訟を提起しても、それだけでは許可処分の効力は妨げられない（行訴25条1項）。

そこで、取消訴訟を提起する場合、これとともに、許可処分の執行停止の申立て（行訴25条2項）を行うことが考えられる。申立ての趣旨は、「処分行政庁が○○に対して平成××年×月×日付けでした○○原子力発電所原子炉○号機についての原子炉設置変更許可処分の効力は、本案訴訟に関する判決が確定するまでこれを停止する」などと表現されることになる。

執行停止の要件として、本案訴訟（取消訴訟）が適法に提起されているこ

とが要求されることから、取消訴訟の原告適格を有する者が取消訴訟を提起したうえで申立てを行うことが必要である。

また、申立人は、当該処分により生ずる重大な損害を避けるため緊急の必要があることを疎明することが必要であり（行訴25条2項・5項）、これに対して相手方は「本案について理由がないと見えるとき」（同条4項）にあたるなどとして、これを争うことになる。

Ⅲ 原告適格

1 判断基準

取消訴訟の原告適格について、行政事件訴訟法9条1項は「法律上の利益を有する者」と定めているところ、その具体的意味については、以下のように解されている（最大判平成17・12・7民集59巻10号2645頁参照）。

① 「法律上の利益を有する者」とは、当該処分により自己の権利もしくは法律上保護された利益を侵害され、または必然的に侵害されるおそれのある者をいう（法律上保護された利益説）。

② 当該処分を定めた行政法規が、不特定多数者の具体的利益をもっぱら一般的公益の中に吸収解消させるにとどめず、それが帰属する個々人の個別的利益としてもこれを保護すべきものとする趣旨を含む場合には、このような利益もここにいう法律上保護された利益にあたる。

そして、上記の点を判断するにあたっての解釈規定が、行政事件訴訟法9条2項におかれている。

このような判断枠組みの下で、原子炉設置（変更）許可処分の取消訴訟の原告適格について、具体的には以下のとおり解されている。

2 「直接的かつ重大な被害を受けることが想定される範囲の住民」

　原子炉設置許可処分の抗告訴訟の原告適格については、最判平成4・9・22判時1437号29頁〔高速増殖炉「もんじゅ」事件〕が、「直接的かつ重大な被害を受けることが想定される範囲の住民」に原告適格が認められる旨を判示した。

判例 Check

○高速増殖炉「もんじゅ」事件（最判平成4・9・22判時1437号29頁）
　原子炉規制法に基づく高速増殖炉「もんじゅ」の設置許可処分について、周辺住民が提起した行政事件訴訟法上の無効確認訴訟において、最高裁判所は、原子炉規制法の規定につき、「単に公衆の生命、身体の安全、環境上の利益を一般的公益として保護しようとするにとどまらず、原子炉施設周辺に居住し、右事故等がもたらす災害により直接的かつ重大な被害を受けることが想定される範囲の住民の生命、身体の安全等を個々人の個別的利益としても保護すべきものとする趣旨を含むと解するのが相当である」と判示し、周辺住民の原告適格を認めた。
　そのうえで、最高裁判所は、「当該住民の居住する地域が、前記の原子炉事故等による災害により直接的かつ重大な被害を受けるものと想定される地域であるか否かについては、当該原子炉の種類、構造、規模等の当該原子炉に関する具体的な諸条件を考慮に入れた上で、当該住民の居住する地域と原子炉の位置との距離関係を中心として、社会通念に照らし、合理的に判断すべきものである」とし、「本件原子炉は研究開発段階にある原子炉である高速増殖炉であり……、その電気出力は28万キロワットであって、炉心の燃料としてはウランとプルトニウムの混合酸化物が用いられ、炉心内において毒性の強いプルトニウムの増殖が行われるものであること」を理由としてあげて、原子炉から約29～58キロメートルの範囲内に居住する住民について、原告適格を肯定した。

その後、東京高判平成17・11・22訟月52巻6号1581頁は、高速増殖炉「もんじゅ」事件最高裁判決が示した判断基準の下、原子炉から約65キロメートルまでの範囲内に居住する住民について原告適格を肯定した。

一方、東日本大震災後の東京地判平成26・1・14裁判所ウェブサイトは、原子炉から220キロメートル離れた地域に居住する住民について、「本件原子炉の事故等による災害により直接的かつ重大な被害を受けるものと想定される範囲の地域であると認めることはでき」ないとして、その原告適格を否定している。

判例 Check

○**福島第一原子力発電所設置許可処分無効確認請求事件**（東京地判平成26・1・14裁判所ウェブサイト）

東京都台東区に居住する原告が、国を被告として、東京電力に対してした福島第一原子力発電所原子炉第1号機の設置許可処分に重大な違法があると主張し、無効確認を求めた事案において、原子炉から220キロメートル離れた原告居住地域への影響は、水道水の汚染、空間放射線量の増加等が健康等への確定的、確率的影響を受けるものとは認められない程度にとどまっており、直接的かつ重大な被害を受けると想定される地域とは認められないとして、原告適格を否定した。

判断にあたり、原告適格の主張・立証責任については、原告が負っているとしつつも、原子炉設置許可権限を有する処分行政庁が科学的・専門的知見を有していることを理由に、「原告が原子炉設置許可処分の無効等確認の訴えについて原告適格を有することを基礎付ける事実を一定程度主張立証した場合には、処分行政庁の属する被告（国）の側において、原告の主張立証が合理的なものでないことを主張立証しない限り、原告適格を肯定すべきものと考えられる」とした。

また、原告適格の有無を判断するにあたって想定すべき原子炉の事故については、「原子炉の安全性に関する各審査に過誤、欠落がある場合には、当該原子炉が安全設計上の指針等において必須とされている設備の設計基準を満

> たしていない場合のみならず、当該原子炉が安全設計上の指針等において必須とされている設備の設計基準を満たしているものの、そもそも安全設計上の指針等の策定が不適切である場合も含まれる」として、「原子炉の事故等の程度を上記の安全設計上の指針等において必須とされている設計基準を満たしていない場合に起こりうる事故等の程度というように限定的に解する」ことは相当でないとする一方で、「単におよそ抽象的に発生する可能性のある最大規模の事故」を想定することもまた相当でないとして、結論として、「安全性に関する各審査に過誤、欠落があった場合に、社会通念上合理的に想定し得る過酷な事故」を想定すべきであると判示している。

これに対して、民事差止訴訟の事案ではあるが、福井地判平成26・5・21判時2228号72頁〔大飯原発事件〕は、大飯原子力発電所から250キロメートル圏内に居住する者について、「本件原発の運転によって直接的にその人格権が侵害される具体的な危険があると認められる」として、これらの者との関係で請求を認容している。

Ⅳ　本案の争点

原子炉設置許可処分の取消訴訟における裁判所の審理・判断のあり方については、最判平成4・10・29判時1441号37頁〔伊方原発事件〕が判断枠組みを示しており、改正原子炉規制法の下においても、判旨にいう「原子力委員会若しくは原子炉安全専門審査会」を、以下のとおり「原子力規制委員会」に置き換えることで同じく妥当するものと考えられる。

〔図12〕　**原子炉設置許可処分の取消訴訟における裁判所の審理・判断のあり方**

> 原子力規制委員会の専門技術的な調査審議および判断に不合理な点があるか否か
> ↓
> 現在の科学技術水準に照らし、①調査審議において用いられた<u>具体的審査基準</u>に不合理な点がある場合、または②当該原子炉施設が右の具体的審査基

準に適合するとした原子力委員会もしくは原子炉安全専門審査会の調査審議および判断の過程に看過しがたい過誤・欠落がある場合は、判断に不合理な点があるものとして、原子炉設置許可処分は違法。

↓

判断の不合理性の主張・立証責任は、本来、原告が負うべき。

しかし、原子炉施設の安全審査に関する資料をすべて被告側が保持していることなどの点を考慮すると、被告において、まず、その依拠した前記の具体的審査基準並びに調査審議および判断の過程等、被告行政庁の判断に不合理な点のないことを相当の根拠・資料に基づき主張・立証する必要があり、被告行政庁が右主張・立証を尽くさない場合には、被告行政庁がした右判断に不合理な点があることが事実上推認される。

判例 Check

○**伊方原発事件**（最判平成4・10・29判時1441号37頁）

「原子炉施設の安全性に関する判断の適否が争われる原子炉設置許可処分の取消訴訟における裁判所の審理、判断は、原子力委員会若しくは原子炉安全専門審査会の専門技術的な調査審議及び判断を基にしてされた被告行政庁の判断に不合理な点があるか否かという観点から行われるべきであって、現在の科学技術水準に照らし、右調査審議において用いられた具体的審査基準に不合理な点があり、あるいは当該原子炉施設が右の具体的審査基準に適合するとした原子力委員会若しくは原子炉安全専門審査会の調査審議及び判断の過程に看過し難い誤謬、欠落があり、被告行政庁の判断がこれに依拠してされたと認められる場合には、被告行政庁の右判断に不合理な点があるものとして、右判断に基づく原子炉設置許可処分は違法と解すべきである。

原子炉設置許可処分についての右取消訴訟においては、右処分が前記のような性質を有することにかんがみると、被告行政庁がした右判断に不合理な点があることの主張、立証責任は、本来、原告が負うべきものと解されるが、当該原子炉施設の安全審査に関する資料をすべて被告行政庁の側が保持していることなどの点を考慮すると、被告行政庁の側において、まず、その依拠した前記の具体的審査基準並びに調査審議及び判断の過程等、被告行政庁の

判断に不合理な点のないことを相当の根拠、資料に基づき主張、立証する必要があり、被告行政庁が右主張、立証を尽くさない場合には、被告行政庁がした右判断に不合理な点があることが事実上推認されるものというべきである」。

「規制法の規制の構造に照らすと、原子炉設置の許可の段階の安全審査においては、当該原子炉施設の安全性にかかわる事項のすべてをその対象とするものではなく、その基本設計の安全性にかかわる事項のみをその対象とするものと解するのが相当である」。

なお、前掲福井地判平成26・5・21〔大飯原発事件〕は、電力会社を被告とする、人格権に基づく民事差止訴訟の事案ではあるが、福井地方裁判所は、原子力発電所に極めて高いレベルの安全性を求めており、上訴審の判断が注目されるとともに、原子炉設置（変更）許可処分の取消訴訟における裁判所の判断にも影響を及ぼし得ると考えられる。

判例 Check

○大飯原発事件（福井地判平成26・5・21判時2228号72頁）

全国各地に居住する原告らが、関西電力を被告として、人格権または環境権に基づき大飯原子力発電所3・4号機の運転差止めを求めた訴えにつき、大飯原子力発電所に係る安全技術および設備は、確たる根拠のない楽観的な見通しの下に初めて成り立ち得る脆弱なものであり、大飯原子力発電所の運転によって人格権が侵害される具体的な危険があるとして、大飯原子力発電所から半径250キロメートル圏内に居住する原告らについて請求を認容した。

福井地方裁判所は、生命を守り生活を維持する利益は人格権（憲法13条、25条）の中でも根幹部分をなす根源的な権利である一方で、原子力発電所の稼働は経済活動の自由（同法22条1項）に属するものであって劣位におかれるべきものと述べたうえで、「大きな自然災害や戦争以外で、この根源的な権利が極めて広汎に奪われるという事態を招く可能性があるのは原子力発電所の事故のほかは想定し難い。かような危険を抽象的にでもはらむ経済活動は、その存在自体が憲法上容認できないというのが極論にすぎるとしても、少な

くともかような事態を招く具体的危険性が万が一でもあれば、その差止めが認められるのは当然である」としたうえで、「技術の危険性の性質やそのもたらす被害の大きさが判明している場合には、技術の実施に当たっては危険の性質と被害の大きさに応じた安全性が求められることになるから、この安全性が保持されているかの判断をすればよいだけであり、危険性を一定程度容認しないと社会の発展が妨げられるのではないかといった葛藤が生じることはない。原子力発電技術の危険性の本質及びそのもたらす被害の大きさは、福島原発事故を通じて十分に明らかになったといえる。本件訴訟においては、本件原発において、かような事態を招く具体的危険性が万が一でもあるのかが判断の対象とされるべきであり、福島原発事故の後において、この判断を避けることは裁判所に課された最も重要な責務を放棄するに等しいものと考えられる」と判示した。

　さらに、「被告は本件原発の稼動が電力供給の安定性、コストの低減につながると主張するが、当裁判所は、極めて多数の人の生存そのものに関わる権利と電気代の高い低いの問題等とを並べて論じるような議論に加わったり、その議論の当否を判断すること自体、法的には許されないことであると考えている」、「このコストの問題に関連して国富の流出や喪失の議論があるが、たとえ本件原発の運転停止によって多額の貿易赤字が出るとしても、これを国富の流出や喪失というべきではなく、豊かな国土とそこに国民が根を下ろして生活していることが国富であり、これを取り戻すことができなくなることが国富の喪失であると当裁判所は考えている」とまで述べている。

　再稼働申請に対する原子力規制委員会による審査中に裁判所が差止めを認容した点を含め、原子力発電所の安全性に対する司法審査のあり方について、上訴審の判断が注目される。

【書式13】　訴状（原子炉設置変更許可処分取消請求事件）

訴　　状

平成○○年○月○日

東京地方裁判所民事部　御中

原告訴訟代理人弁護士　　甲　川　太　郎
〒○○○-○○○○　△△県○○市二丁目5番13号
　　　　　　　　　　　　原　　　　告　　○　○　○　○
〒○○○-○○○○　△△県○○市○○三丁目2番1号
　　　　　　　　　　　○○法律事務所（送達場所）
　　　　　　　　　　　　電　話（XX）XXXX－XXXX
　　　　　　　　　　　　FAX（XX）XXXX－XXXX
　　　　　　　　　　　原告訴訟代理人弁護士　　甲　川　太　郎
〒100-8977　東京都千代田区霞が関一丁目1番1号
　　　　　　　　　　　　被　　　　告　　　　国
　　　　　　　　　　　　代 表 者 法 務 大 臣　○　○　○　○
　　　　　　　　　　　　処　分　行　政　庁　原子力規制委員会
　　　　　　　　　　　　同委員会代表者委員長　○　○　○　○

原子炉設置変更許可処分取消請求事件
　　訴訟物の価額　　　金160万円
　　貼用印紙額　　　金1万3000円
第1　請求の趣旨
　1　処分行政庁が××電力株式会社に対して平成○○年○月○日付けでした
　　○○原子力発電所原子炉○号機についての原子炉設置変更許可を取り消す
　2　訴訟費用は被告の負担とする
との判決を求める。

第2　請求の原因
　1　本件処分
　　××電力株式会社（以下「××電力」という。）は，2011年3月11日発生の東日本大震災後，○○原子力発電所原子炉○号機（以下「本件原子炉」という。）の運転を停止したが，原子力規制員会設置法に基づき原子力規制委員会が設置されるとともに，「核原料物質，核燃料物質及び原子炉の規制に関する法律」（以下「原子炉規制法」という。）が改正され，原子炉規制法43条の3の6第1項4号にいう「原子力規制委員会規則」として，「実用発電用原子炉

及びその附属施設の位置，構造及び設備の基準に関する規則」において原子炉の設置に係る新たな規制基準（以下「新規制基準」という。）が定められた後，平成〇〇年〇月〇日，新規制基準に則り，原子力規制委員会に対して，本件原子炉について，原子炉規制法43条の3の8第1項に定める原子炉設置変更許可を求める申請（いわゆる再稼働申請）を行った。

これに対して，原子力規制委員会は，平成〇〇年〇月〇日，××電力による上記申請に対し，本件原子炉についての原子炉設置変更許可処分（以下「本件処分」という。）を行った。

2 本件処分の違法性

（①新規制基準の内容そのものが不合理であり，原子炉の安全基準として本来用いられるべき基準によれば，本件原子炉は安全基準を満たさないこと，または②本件原子炉が新規制基準に適合しないことを主張）

3 原告適格

原告は，本件原子炉から約50キロメートルの場所に自宅を有し，居住する者である（甲1）。

原子炉設置の許可基準について定める原子炉規制法43条の3の6第1項の，特にその第4号は，「発電用原子炉施設の位置，構造及び設備が核燃料物質若しくは核燃料物質によって汚染された物又は発電用原子炉による災害の防止上支障がないものとして原子力規制委員会規則で定める基準に適合するものであること」を要求しているところ，同規定は，単に公衆の生命，身体の安全，環境上の利益を一般的公益として保護しようとするにとどまらず，原子炉施設周辺に居住し，原子炉事故がもたらす災害により直接的かつ重大な被害を受けることが想定される範囲の住民の生命，身体の安全等を個々人の個別的利益としても保護すべきものとする趣旨を含むものである（高速増殖炉「もんじゅ」事件最高裁判決（最判平成4年9月22日）参照）。

原告が居住する地域は，前述のとおり原子炉から約50キロメートルしか離れておらず，原子炉事故がもたらす災害により直接的かつ重大な被害を受けることが想定される範囲に明らかに含まれるから，原告は本訴の原告適格を有する。

4 異議申立て及びその棄却決定

原告は，本件処分後，平成〇〇年〇月〇日，本件処分について，前記2記載の違法事由を理由に，処分庁である原子力規制委員会に対して異議申立て

を行った。

　これに対して，原子力規制委員会は，平成〇〇年〇月〇日，上記異議申立てに理由がないとして，これを棄却する決定をした（甲2）。

　5　まとめ

　よって，原告は，本件処分の取消しを求め，本訴に及ぶ次第である。

証　拠　方　法

甲第1号証　　　住民票
甲第2号証　　　異議申立て棄却決定書

附　属　書　類

　　1　訴状副本　　　　　　1通
　　2　甲号証の写し　　　　各2通
　　3　証拠説明書　　　　　2通
　　4　訴訟委任状　　　　　1通

● 事項索引 ●

【あ行】

安全認定　*173*
異議申立て　*62*
溢水等の被害との関係　*194*
一般運転者　*86*
違反運転者等　*86*
違反是正命令　*163*
　　――の義務付け訴訟　*163*
　　――の申請権　*163*
違法性の承継　*71,172*
医療扶助　*104*
訴えの利益　*67*
運転免許取消処分取消訴訟の請求の趣旨　*91*

【か行】

外国人　*124*
介護扶助　*104*
改正原子炉規制法　*226*
蓋然性の程度　*10*
開発許可　*184,191*
　　――の執行停止の申立て　*192*
　　――の申請　*185*
　　――の取消訴訟　*186,191*
　　――の取消訴訟における原告適格　*194*
　　――の無効確認訴訟　*191*
開発許可処分の差止請求　*187*
開発許可等の仮の差止めの申立て　*188*
開発行為　*171,184*
開発登録簿　*185*
確認済証　*157*
がけ崩れ等による被害　*193*
がけ崩れのおそれ　*167*
過誤納金還付請求訴訟　*65*
過誤納金の還付請求　*72*
課税処分の異議申立手続　*64*
課税処分の審査請求の申立手続　*64*
仮の差止めの決定　*27*
仮の差止めの積極要件　*159,213,229*
仮の差止めの要件　*22*

環境アセス　*210*
義務付け訴訟　*163*
教育扶助　*104*
教示制度　*63*
許可制　*45*
緊急の必要　*157,162*
景観利益　*168,195*
経理的基礎の要件　*218*
減額更正　*68*
減額再更正　*68*
嫌忌施設　*37*
原告適格　*10*
検査済証交付の取消訴訟　*162*
検査済証の交付　*157*
原子炉規制法による原子炉設置（変更）許可申請に対する許可または不許可の処分の取消訴訟　*228*
原子炉設置（変更）許可処分取消訴訟　*230*
　　――の原告適格　*231*
原子炉設置（変更）許可処分の差止請求　*229*
原子炉設置（変更）許可処分の執行停止の申立て　*230*
原子炉設置（変更）許可処分の無効確認訴訟　*230*
原子炉設置許可処分の抗告訴訟の原告適格　*232*
建築確認　*156,170*
　　――の仮の差止め　*159*
　　――の執行停止　*161*
　　――の執行停止の申立て　*161*
　　――の取消訴訟　*157,160*
　　――の無効確認訴訟　*160*
建築確認処分差止請求　*158*
　　――の原告適格　*159,168*
建築確認等の仮の差止め申立事件　*189*
建築確認取消訴訟の原告適格　*165*
建築基準関係規定　*156*
建築審査会　*157*
工事完了による「訴えの利益」の喪失

事項索引

160
更正・決定の取消しを求める訴え　*68*
更正の請求　*69*
更正の取消しを求める訴え　*69*
公法上の当事者訴訟　*31*
国税に関する異議申立て　*62*

【さ行】

再稼働申請　*227*
再審査請求　*106*
在留期間更新不許可処分取消請求事件　*143*
在留資格　*127*
　――の種類　*127*
在留資格変更申請不許可処分取消請求事件　*144*
在留特別許可　*125,126,139*
差押財産の換価　*64*
差止訴訟　*2*
　――における原告適格　*10*
　――の管轄　*18*
　――の被告適格　*17*
差止めの対象　*4*
産業廃棄物処分業の許可要件　*211*
産業廃棄物処理施設・処理業に係る許可処分取消訴訟　*216*
産業廃棄物処理施設の設置許可　*206*
産業廃棄物処理施設の設置許可処分の差止請求　*212*
産業廃棄物処理施設の設置許可処分の執行停止の申立て　*214*
産業廃棄物処理施設の設置許可申請書　*210*
産業廃棄物処理施設の設置要件　*207*
資格外活動許可　*127*
自己の法律上の利益に関しない違法　*50,197*
執行停止　*71*
　――が認められる期間　*94*
　――の原則　*64*
　――の申立て　*30,93*
　――の要件　*93,161,192,214,230*
執行不停止の原則　*71,93*
指定確認検査機関　*156*

指導・指示取消しの訴え　*111*
自動確定　*60*
自動車の運転免許　*84*
修正申告　*69*
自由選択主義　*29*
住宅扶助　*104*
集団規定　*171*
主張制限緩和論　*50*
出産扶助　*104*
出訴期間　*29,67*
条例制定権の限界　*52*
処分　*4*
　――の特定　*7*
処分性　*4*
　――の範囲　*4*
　――の判断基準　*4*
処分取消訴訟　*90*
新規制基準　*226*
申告納税方式　*60*
審査請求　*62,106,157*
審査請求前置主義　*29,106,157,186,228*
審査請求適格　*157*
診療所　*51*
申請型の義務付け訴訟　*163*
申請却下処分の取消しの訴え　*106*
申請保護の原則　*103*
税額の確定　*60*
生活環境影響調査　*210*
生活扶助　*104*
生活保護開始仮の義務付け申立事件　*107*
生業扶助　*104*
性風俗関連特殊営業　*45*
世帯単位の原則　*104*
接道義務　*173*
増額再更正処分　*68*
葬祭扶助　*104*
相当数の同意　*196*
租税訴訟　*64*
損害の重大性　*14*

【た行】

退去強制事由　*125,134*
退去強制処分　*126*

242

事項索引

退去強制処分執行停止の申立て　126,149
退去強制処分取消訴訟　126,141
　　──の管轄　141
　　──の出訴期間　141
　　──の被告　142
退去強制手続　139
滞納処分の続行の停止　64
単体規定　171
地域内居住者の原告適格　49
地方税に関する処分に対する不服申立て　62
徴収猶予　64
償うことのできない損害　22,213
定住者　128
特定管轄裁判所　18
土地の形質の変更　185
都道府県知事　34
届出制　45
取消訴訟における訴えの利益　29
取消訴訟の原告適格　10,165,193,215
取消訴訟の対象　70

【な行】

内国税に関する処分　62
日照被害　166
日本人の配偶者等　127
納税申告　61

【は行】

廃棄物　204
　　──の「処理」　205
廃棄物処理施設・処理業をめぐる取消訴訟の原告適格　215
パチンコ店の出店妨害事例　51
非申請型の義務付け訴訟　163
必要即応の原則　104
風俗営業　44
　　──の許可申請　47
風俗営業所の設置禁止区域　45
賦課課税方式　60
不服申立前置主義　65

不服申立て　91
不法在留　125
不法入国　124
不要物　204
変更決定処分取消しの訴え　109
法人の原告適格　216
法律上の利益　10
　　──を有する者　11,165,193,215
法律上保護された利益説　165,193
保護開始決定の義務付け訴訟　107
保護の実施機関　105
保護変更決定処分差止めの訴え　110
補充性　17
補足性の原則　103
墓地、埋葬等に関する法律　34
墓地経営の許可に関する指針　34
墓地周辺住民の原告適格　37
墓地等の経営許可　34
墓地等の経営主体　35
墓地等の設置場所・構造に関する基準　34
墓地の構造設備　35
墓地の設置場所　35
本案要件　19

【ま行】

民事訴訟法上の差止請求訴訟　31
免許証の記載事項　86
免許証の有効期間の更新　87
免許の欠格事由　84
免許の停止　88
免許の取消し　89
免許の有効期限　86
免許不交付期間　89
申立ての利益　30

【や行】

優良運転者　86

【ら行】

理由付記　72

243

● 判例索引 ●

ゴシック体の数字は、「判例 Check」掲載頁を指す。

(判決言渡日順)

【最高裁判所】

最判昭和35・7・12民集14巻9号1744頁	4
最判昭和38・5・31民集17巻4号617頁	72
最判昭和39・10・29民集18巻8号1809頁	4,**5**
最判昭和40・2・5民集19巻1号106頁	61
最判昭和44・3・27金商158号11頁	68
最判昭和45・12・24民集24巻13号2243頁	60,70
最判昭和47・11・30民集26巻9号1746頁	**2**
最判昭和49・7・19民集28巻5号759頁	68
最大判昭和50・9・10刑集29巻8号489頁	52
最判昭和51・5・6民集30巻4号541頁	67
最判昭和52・3・31訟月23巻4号802頁	73
最判昭和54・12・25民集33巻7号753頁	70
最判昭和55・11・25民集34巻6号781頁	29
最判昭和56・4・24民集35巻3号672頁	68
最判昭和56・7・14民集35巻5号901頁	72
最判昭和56・12・16民集35巻10号1369頁	31
最判昭和59・10・26民集38巻10号1169頁	29,160
最判昭和60・1・22民集39巻1号1頁	72
最判平成元・7・4判時1336号86頁	2,3
最判平成4・9・22判時1437号29頁	**232**
最判平成4・10・29判時1441号37頁	234,**235**
最判平成5・9・10民集47巻7号4955頁	191,196
最判平成6・9・27判時1518号10頁	47
最判平成8・7・2判時1578号51頁	**143**
最判平成9・1・28民集51巻1号250頁	167,193
最判平成10・12・17民集52巻9号1821頁	48
最判平成11・3・10刑集53巻3号339頁	205
最判平成12・3・17判時1708号62頁	37,49
最判平成14・1・22判タ1088号127頁	165,169
最判平成14・3・28民集56巻3号613頁	166,169
最判平成14・7・9民集56巻6号1134頁	52
最判平成14・10・17民集56巻8号1823頁	**144**
最判平成17・4・14民集59巻3号491頁	73
最判平成17・7・15民集59巻6号1661頁	4,**6**
最大判平成17・12・7民集59巻10号2645頁	11,165,193,215,231
最判平成18・3・30民集60巻3号948頁	20,168,195
最判平成18・7・14民集60巻6号2369頁	4,**5**
最判平成19・3・20判時1968号124頁	51

最判平成19・10・19判時1993号3頁	12
最判平成20・9・10民集62巻8号2029頁	*4,30*
最判平成21・2・27民集63巻2号299頁	*96*
最判平成21・10・15民集63巻8号1711頁	13
最判平成21・12・17民集63巻10号2631頁	*162,173*
最判平成22・6・3民集64巻4号1010頁	*74*
最判平成24・2・9民集66巻2号183頁	*8,14*
最判平成26・1・28判時2215号67頁	217

【高等裁判所】

東京高判昭和40・9・30行集16巻9号1477頁	*61*
東京高判昭和56・1・30行集32巻1号142頁	*170*
東京高判昭和59・7・19行集35巻7号948頁	*69*
名古屋高判昭和60・4・12判時1150号30頁	*31*
大阪高決昭和60・7・31判タ560号297頁	*161*
東京高判平成9・5・22行集48巻5・6号410頁	*70*
高松高判平成10・4・28判タ992号112頁	*168*
大阪高判平成10・6・2判時1668号37頁	*52*
東京高決平成11・8・2判タ1057号153頁	*161*
東京高判平成12・4・13判自204号68頁	*192*
東京高判平成13・7・4判時1754号35頁	*50*
東京高判平成14・10・22判時1806号3頁	5
福岡高判平成15・10・27判タ1168号215頁	*215*
東京高判平成17・6・28民集63巻2号351頁	*95*
東京高判平成17・11・22訟月52巻6号1581頁	*233*
大阪高決平成19・3・1裁判所ウェブサイト	26
東京高決平成19・3・14裁判所ウェブサイト	*161*
名古屋高決平成19・11・12判時2046号29頁	*162*
福岡高判平成20・5・27裁判所ウェブサイト	*37*
大阪高判平成20・7・31判時2059号26頁	*159,196*
東京高判平成21・1・14民集63巻10号2724頁	*173*
東京高決平成21・2・6判自327号81頁	*162,192*
福岡高那覇支決平成22・3・19判タ1324号84頁	*108*
大阪高判平成25・6・11賃金と社会保障1593号61頁	*107*

【地方裁判所】

東京地判昭和33・7・3行集9巻7号1350頁	*66*
東京地決昭和45・12・21行集21巻11・12号1415頁	*162*
東京地決昭和46・6・16行集22巻6号843頁	*162*
東京地判昭和50・1・31行集26巻1号108頁	*66*
神戸地決昭和60・5・21判タ564号236頁	*161*
東京地判昭和61・10・30判時1217号44頁	*162*
横浜地判昭和62・3・25判タ651号69頁	*166*
奈良地決昭和62・12・3判自45号81頁	*162*

判例索引

秋田地判平成5・4・23判時1459号48頁	110, *111*, 112
横浜地判平成6・1・17判自124号68頁	*196*
東京地判平成7・12・20判自150号71頁	*167*
神戸地決平成8・5・15判自153号89頁	*162*
浦和地判平成8・8・5判自156号61頁	*166*
神戸地判平成9・4・28判時1613号36頁	*52*
福岡地判平成10・5・26判時1678号72頁	113
甲府地決平成11・3・19判自194号94頁	*161*
横浜地判平成11・4・28判タ1027号123頁	*197*
福島地いわき支判平成13・8・10判タ1129号180頁	*215*
京都地判平成14・1・25裁判所ウェブサイト	*51*
水戸地判平成14・12・27裁判所ウェブサイト	*39*
東京地決平成15・6・11判時1831号96頁	*149*
神戸地判平成17・3・25裁判所ウェブサイト	*52*
さいたま地判平成17・6・22裁判所ウェブサイト	*39*
水戸地判平成17・7・19判時1912号83頁	*215*
大阪地決平成17・7・25判タ1221号260頁	22, *213*
横浜地判平成17・12・21民集63巻2号326頁	*95*
大阪地判平成18・2・22判タ1221号238頁	15, *212*, 216
大阪地判平成18・5・22判タ1216号115頁	15
大阪地決平成18・8・10判タ1224号236頁	23, *47*
名古屋地判平成18・8・10判タ1240号203頁	16
水戸地決平成18・8・11判タ1224号233頁	8
東京地判平成18・9・8裁判所ウェブサイト	*157*
東京地判平成18・9・21判時1952号44頁	*7*
大阪地判平成18・10・26判タ1226号82頁	*49*
大阪地決平成18・12・12判タ1236号140頁	24
東京地決平成19・1・24裁判所ウェブサイト	*161*
大阪地判平成19・2・15判タ1253号134頁	*163*, 164
東京地判平成19・2・16判例集未登載	*96*
神戸地決平成19・2・27裁判所ウェブサイト	25, *160*, *189*, *213*, *230*
青森地判平成19・6・1裁判所ウェブサイト	**9**, **10**
千葉地判平成19・8・21判時2004号62頁	*51*, *216*, *218*
大阪地判平成19・12・27判タ1270号191頁	*167*
東京地決平成19・12・28裁判所ウェブサイト	*94*
大阪地判平成20・2・14判タ1265号67頁	*49*, *50*
広島地決平成20・2・29判時2045号98頁	*189*, **190**
東京地決平成20・3・27裁判所ウェブサイト	*159*, *188*, **189**
大阪地判平成20・5・16判時2027号7頁	*160*, *191*
東京地判平成20・5・29判時2015号24頁	*172*
大阪地判平成20・8・7判タ1303号128頁	*195*
那覇地判平成21・1・20判タ1337号131頁	*159*, *168*
東京地判平成21・3・26判時2048号3頁	*92*
京都地決平成21・4・28裁判所ウェブサイト	*94*

246

東京地判平成21・6・5判タ1309号103頁	*169*
大阪地判平成21・9・9判自331号75頁	*172*
広島地判平成21・10・1判時2060号3頁	19
広島地判平成21・10・1判時2078号164頁	*187, 195*
横浜地判平成21・10・28判例集未登載	92
奈良地決平成21・11・26判タ1325号91頁	*214*
横浜地判平成21・12・14裁判所ウェブサイト	*96*
那覇地決平成21・12・22判タ1324号87頁	107
東京地判平成22・4・16判時2079号25頁	*38, 39*
仙台地決平成22・5・14裁判所ウェブサイト	*94*
横浜地決平成22・10・29裁判所ウェブサイト	*95*
仙台地判平成23・3・23裁判所ウェブサイト	*162*
仙台地判平成23・6・30裁判所ウェブサイト	*171*
名古屋地判平成24・9・20裁判所ウェブサイト	*195*
東京地判平成24・10・5判自373号97頁	*194, 197*
大津地判平成24・12・18賃金と社会保障1584号60頁	106
東京地判平成26・1・14裁判所ウェブサイト	233
東京地判平成26・3・18判例集未登載	74
東京地判平成26・5・9判例集未登載	75
福井地判平成26・5・21判時2228号72頁	*234, 236*
東京地判平成26・8・28判例集未登載	76

●編者・著者略歴●

○前田泰志（まえだ・やすゆき）

弁護士（前田綜合法律事務所）
1995年東京大学法学部卒業。2000年司法試験第2次試験合格、2001年司法研修所入所（55期）、2002年弁護士登録（第二東京弁護士会）、2007年第一東京弁護士会に登録替え。現在に至る。
主な著作：『不正競争防止法の新論点』（共著、2006年・商事法務）、『高齢者・障害者の財産管理と福祉信託』（共著、2008年・三協法規出版）、『ケース別不動産をめぐる金銭請求の実務』（共著、2009年・新日本法規）、『特許法の日米比較』（共著、2009年・商事法務）、『遺言信託の実務』（共著、2010年・清文社）、『行政許認可手続と紛争解決の実務と書式』（共著、2010年・民事法研究会）
事務所所在地：東京都千代田区有楽町1-7-1　有楽町電気ビル南館5階
連絡先：03-5224-6221
第3章、第4章担当

○南淵　聡（みなみぶち・さとし）

弁護士（九段北シティ法律事務所）
1996年札幌学院大学人文学部卒業。2002年司法試験第2次試験合格、2003年司法研修所入所（57期）、2004年弁護士登録（第二東京弁護士会）。現在に至る。
主な著作：『速引例解会社法』（共著、2006年・きんざい）、『実務行政訴訟法講義』（共著、2007年・民事法研究会）、『行政許認可手続と紛争解決の実務と書式』（共著、2010年・民事法研究会）
事務所所在地：東京都千代田区九段北1-10-5　サンブリッジ九段ビル10階
連絡先：03-5211-7531
第1章、第5章、第6章担当

○工藤洋治（くどう・ようじ）

弁護士（東京八丁堀法律事務所）
1999年東京大学法学部卒業。同年司法試験第2次試験合格、2005年司法研修所入所（59期）、2006年弁護士登録（第二東京弁護士会）。現在に至る。
主な著作：『会社法実務スケジュール』（共著、2009年・新日本法規）、『実践！Q&A 裁判員裁判』（共著、2010年・ぎょうせい）、『Q&A 情報開示・インサイダー取引規制の実務』（共著、2010年・金融財政事情研究会）、『行政許認可手続と紛争解決の実務と書式』（共著、2010年・民事法研究会）、『わかりやすい要件事実論』（共著、2011年・三協法規）

事務所所在地：東京都港区麻布台１-11-９　CR神谷町ビル６階
連絡先：03-6441-3320
第２章、第７章、第８章、第９章、第10章担当

○は、編者。

行政処分差止め・取消訴訟の実務と書式

平成26年11月13日　第1刷発行

定価　本体2,500円＋税

編著者　前田泰志・南淵　聡
発　行　株式会社　民事法研究会
印　刷　藤原印刷株式会社

発行所　株式会社　民事法研究会
〒150-0013 東京都渋谷区恵比寿3-7-16
〔営業〕TEL 03(5798)7257　FAX 03(5798)7258
〔編集〕TEL 03(5798)7277　FAX 03(5798)7278
http://www.minjiho.com/　info＠minjiho.com

落丁・乱丁はおとりかえします。　ISBN978-4-89628-975-6　C3032　￥2500E
カバーデザイン：関野美香